G-Bible

G-Bible

발행일 2018년 7월 25일

지은이 이 호 원
펴낸이 손 형 국
펴낸곳 (주)북랩
편집인 선일영 편집 오경진, 권혁신, 최예은, 최승헌, 김경무
디자인 이현수, 김민하, 한수희, 김윤주, 허지혜 제작 박기성, 황동현, 구성우, 정성배
마케팅 김회란, 박진관, 조하라
출판등록 2004. 12. 1(제2012-000051호)
주소 서울시 금천구 가산디지털 1로 168, 우림라이온스밸리 B동 B113, 114호
홈페이지 www.book.co.kr
전화번호 (02)2026-5777 팩스 (02)2026-5747

ISBN 979-11-6299-233-3 13740(종이책) 979-11-6299-234-0 15740(전자책)

이 도서의 국립중앙도서관 출판예정도서목록(CIP)은 서지정보유통지원시스템 홈페이지(http://seoji.nl.go.kr)와 국가자료공동목록시스템(http://www.nl.go.kr/kolisnet)에서 이용하실 수 있습니다.
(CIP제어번호 : CIP2018022140)

영문법의 모든 것!
All for
English Grammar

G-Bible

이호원 지음

영어문법, 더 이상 헤매지 말고 여기서 끝내자!

필요할 때 찾아보는 영어문법사전

북랩 book Lab

우리나라에 영문법을 정리하고 학습자들로 하여금 그것을 익히게 하려는 문법책들이 많이 있었다. 더러는 에세이 형식을 빌려 술술 익히게 하려는 책들도 있었고, 그림을 통해 쉽게 접근하려는 책들도 있었다. 이 자리를 빌어 그 저자들에게 찬사와 존경의 마음을 보낸다. 그렇지만 영문법 책은 — 혹은 어떤 언어의 문법 책에서도 — 시대에 따라 조금씩 변하고 필자가 아는 만큼의 교재가 될 운명에 놓인다. 그런 점에서 이 교재 역시도 나에게는 최선이지만, 후에 오는 저자들이 더 많은 연구와 노력을 더한다면, 학습자들이 어려움 없이 접할 수 있는 최고의 교재를 만들 것이라고 장담한다. '벼는 익을수록 고개를 숙인다'라는 우리말 속담이 있듯이 글을 쓰고 가르치는 모든 이들은 나와 같은 마음일 것이라고 믿고 싶다. 수많은 고민과 우려 속에서도 이 책을 세상 밖으로 내보내려는 결심을 한 그 중심에는 다른 책들에서 다루지 않았었던, 그리고 현장에서 학습자들을 지도하며 느꼈던 필수적인 내용들에 대한 공유의 의무감이 있었다. 우리말과 영어의 차이점 혹은 인간이 쓰는 언어로서의 공통점을 이야기하고 싶었고, 특히 차이가 나는 많은 부분들에 대한 내용들을 알기 쉽게 설명하고 싶었다.

지난 두 권의 책을 출판하면서 들은 이야기가 있다. 세상에는 두 부류의 좋은 책이 존재한다. 하나는 잘 팔리는 책이고 다른 하나는 팔리진 않지만 꼭 필요한 책이다. 물론 필자는 이 책이 두 범주에 모두 속하기를 바라는 마음이지만, 현실적으로는 후자에라도 속했으면 하는 마음이다. 언제라도 궁금한 부분을 찾아볼 수 있는 책, 그리고 우리 사회에 인터넷이 생활의 일부가 된 지금에는 언제, 어디에서라도 질문을 할 수 있는 그런 책이 되었으면 하는 바람이다. 책이라는 것을 만드는 일은 항상 외롭고 많은 고통을 수반한다. 그 고통이라는 것은 자료를 수집하고 여러 책을 비교하며 오류를 수정하는 일도 포함하지만, 학습자들에게 더 주고 싶은 세세한 내용들을 뼈를 깎는 고통으로 삭제할 수밖에 없는 고통이 더 크다는 것을 이 글을 읽는 여러분이 알아주었으면 한다. 그것은 내가 가진 강사로서의 숙명일 듯하다. 내가 계속해서 원고를 만드는 이유는 그리고 글만 쓰지 않고 수업을 계속 이어가는 이유는 현장에서 학습자들이 어려운 부분을 항상 되새김질하여, 우리나라 사람들이 쉽고 비용을 많이 들이지 않는 효율적인 방법으로 그러나 제대로 영어를 학습하길 바라는 마음에서다.

이 책에 나오는 많은 표들과 그림들은 그러한 고민에서 나온 것들이며, 앞서 말했듯이 필자로서는 최선의 선택임을 믿어주길 바란다. 문법이라는 것은 하나의 언어 속에서, 다양한 표현들 속에서 뚜렷한 규칙성을 정리한 것이다. 따라서, 문법은 모든 표현들을 포함하지 않으며 예외 규정은 항상 발생한다. 그럼에도 우리가 문법을 공부하는 이유는 외국어를 공부하는 데 있어서 조금이라도 빠른 길을 찾기 위한 방편임을 이 책을 보는 모두가 잊지 않았으면 한다.

이 책이 영문법에 자신 없어 하던 많은 학습자들과 그러한 학생들은 지도해야 하는 교사들에게 도움이 되는 그런 책이었으면 하는 바람이다.

2018년 7월

지은이 이호원

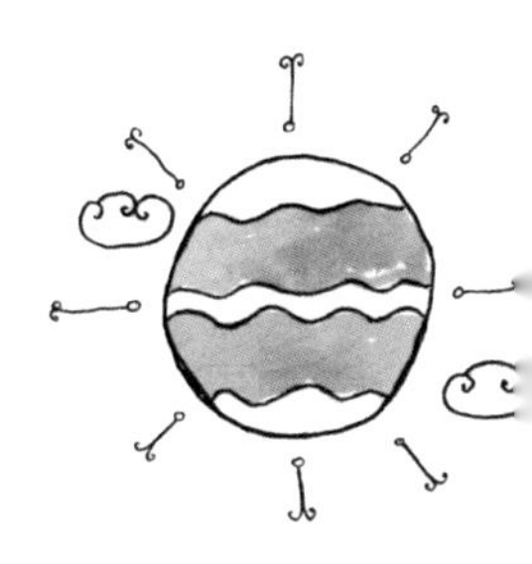

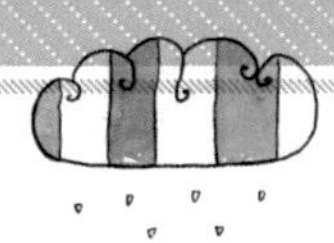

품사		주요관련문법
명사	사물, 사람의 이름 보통, 물질, 추상, 고유, 집합 주어, 목적어, 보어	명사의 단/복수 물질명사 수량표시
대명사	명사를 대신함 지시, 인칭, 부정, 관계 주어, 목적어, 보어	인칭대명사 재귀대명사 관계대명사
형용사	상태 표현/명사 수식 지시, 수량, 부정 보어	비교급
부사	형용사, 동사, 부사 수식 빈도, 관계	비교급 빈도부사 관계부사
동사	동작, 상태 서술 be동사, 일반동사, 조동사 서술어	시제, 수동태, 능동태 to부정사, 동명사, 분사 문장의 5형식 사역, 지각동사
전치사	명사 앞에 오는 말 부사구, 형용사구	전치사+동명사
접속사	문장, 단어를 연결	병렬구조
감탄사	놀람, 기쁨 등을 표현	

CHAPTER

01 발음기호

1. 발음기호를 왜 알아야 하는가?

우리가 사전을 찾아보면 '[ ]' 혹은 '/ /' 안에 발음기호라는 것이 표시되어 있다. 예를 들면 book이라는 말을 사전에서 찾아보면 book[buk]이라고 나와 있는데 이것은 우리나라 말의 '북'과 비슷하게 소리 나게 읽으라는 말이다. 발음기호는 국제적으로 동일하게 사용하는 것으로, 정확한 발음은 아니더라도, 원래의 발음에 가깝게 발음할 수 있도록 안내해주는 것이며, 이것을 정확하게 읽고 숙지할 수 있는 것은 어휘를 익히고 나아가 의사소통을 하는 데에 필수적인 것이다.

2. 발음기호와 우리의 자음, 모음

우선 우리말의 자음과 모음을 알아야 하므로 짧게 설명하겠다.

간단히 말하면 우리말의 자음은 우리가 배웠던
[ㄱ, ㄴ, ㄷ, ㄹ, ㅁ, ㅂ, ㅅ, ㅇ, ㅈ, ㅊ, ㅋ, ㅌ, ㅍ, ㅎ, ㄲ, ㄸ, ㅆ, ㅉ] 등을 이르는 말이다.

모음은
[ㅏ, ㅑ, ㅓ, ㅕ, ㅗ, ㅛ, ㅜ, ㅠ, ㅡ, ㅔ, ㅖ, ㅐ, ㅒ, ㅘ, ㅝ, ㅙ, ㅞ, ㅚ, ㅟ, ㅢ] 등을 이르는 말이다.
우리말은 이러한 자음과 모음의 조합으로 이루어진다.

영어도 이와 마찬가지로 자음과 모음의 조합으로 이루어지는데, 발음과 그 형성 면에서는 차이를 보이지만, 언어의 특성상 비슷한 부분도 있으므로 참고하도록 한다.

발음의 일정한 규칙을 알아 두면, 단어를 외우는 데 있어서도 상당한 도움이 되며, 나아가 아직 모르고 있는 단어라 할지라도, 그 발음을 유추할 수 있다. 따라서 발음 기호와 일정한 발음 패턴을 알아 두는 것은 영어 공부의 기본이 된다.

영어나 우리말 모두 자음과 모음으로 이루어져 있으며, 일정한 발음의 패턴을 알아 두는 것은 영어를 학습하는 데 있어 기초가 된다.

3. 발음기호표

발음기호표(자음)

ㄱ	ㄴ	ㄷ	ㄹ	ㅁ
[g]	[n]	[d], [ð]	[r], [l]	[m]
ㅂ	ㅅ	ㅈ	ㅊ	ㅋ
[b], [v]	[s], [ʃ]	[z], [ʤ]	[ʧ]	[k]
ㅌ	ㅍ	ㅎ	받침 'ㅇ'	ㅆ
[t]	[p], [f]	[h]	[ŋ]	[θ]

[d]는 우리말의 'ㄷ'과 거의 유사하게 하면 되고 [ð]는 혀끝을 살짝 깨물 듯이 'ㄷ' 발음을 하면 된다.

[b]는 우리말의 'ㅂ'과 유사하게 발음하고 [v]는 아랫입술을 살짝 깨물며 'ㅂ' 발음을 한다.

[s]는 우리말의 'ㅅ'과 유사하게 발음하며 [ʃ]는 [쉬]에 가깝게 발음한다.

[z]는 입을 거의 다문 상태에서 참았다 뱉듯이 발음을 하며 [ʤ]는 [쥐]와 비슷하게 발음을 한다.

[p]는 위아래 입술을 붙였다가 떼면서 뱉어내듯이 'ㅍ' 발음과 유사하게 내면 되며, [f]발음은 [v] 발음과 마찬가지로 아랫입술을 살짝 깨물며 'ㅍ' 발음을 내도록 한다.

※ 영어에서는 받침이 아닌 초성으로 쓰이는 'ㅇ'은 없다. 즉, 우리나라 말에서 '오렌지'라고 쓰지만 영어에서는 그냥 'orange[ɔ́ː rinʤ]라고 표현하면 된다.

발음기호표(모음)

ㅏ	ㅑ	ㅐ	ㅒ	ㅓ
[a]	[ja]	[æ]	[jæ]	[ʌ], [ə]
ㅔ	ㅗ	ㅛ	ㅜ	ㅠ
[e], [ɛ]	[o], [ɔ]	[jo], [jɔ]	[u], [w]	[ju]
ㅣ	◎ 영어에서는 알파벳 a, e, i, o, u만을 모음으로 인정한다. y, w는 모음처럼 발음하지만, 자음처럼 취급한다.			
[i]				

영어에서는 우리나라 말의 'ㅡ'에 해당하는 기호가 없다. 그냥 자음만 남아 있으면 'ㅡ' 발음을 붙여주면 된다.

예를 들어 'Sports[spoː rts]'는 [스포츠]와 비슷한 발음으로 내면 된다.

Orange[ɔ́ːrindʒ]에서 [ː]은 길게 발음하라는 뜻이며, [ɔ́]은 모음이 두 개 이상일 경우, 이 모음에 강세가 있다는 말이다. 우리말과 다르게 영어에는 특히 힘을 주어 발음해야 하는 부분을 이렇게 표시하여 둔다.

4. 단어의 철자와 발음 패턴

① good[gud], food[fuːd], wood[wud], root[rut], cool[kuːl], pool[puːl]
→ -oo- 철자의 발음이 주로 [u] 발음으로 소리 난다.

② life[laif], wife[waif], kite[kait], bite[bait], site[sait], hide[haid], mine[main]
→ -i-e 철자의 발음이 주로 [ai] 발음으로 소리 난다.

③ gate[geit], hate[heit], make[meik], wake[weik], mate[meit]
→ -a-e 철자의 발음이 주로 [ei] 발음으로 소리 난다.

④ night[nait], light[lait], might[mait], height[hait], high[hai]. sigh[sai]
→ -igh- 철자의 발음이 주로 [ai]의 발음으로 소리가 나며 이때 'gh'는 소리 나지 않는데 이를 '묵음'이라 한다.

⑤ laugh[læf], tough[tʌf], rough[rʌf], cough[kɔ(:)f]

→ 단어의 끝에 오는 -gh는 주로 [f] 발음으로 소리 난다.

⑥ yellow[je´lou], yacht[jɔt], yes[jes]

→ 'y'는 모음 앞에서 모음을 변화(ㅗ→ㅛ, ㅜ→ㅠ 등)시키는 역할을 한다.

⑦ song[soŋ], bring[briŋ], thing[θiŋ], wing[wiŋ], sing[siŋ]

→ -ng 철자의 발음이 주로 [ŋ] 발음이 나며, 우리말의 받침으로 쓰이는 'ㅇ'의 기능을 한다.

⑧ ◎ throw[θrou], think[θiŋk], thank[θæŋk], thing[θiŋ]

◎ there[ðɛːə], the[ðə], them[ðem], this[ðis], that[ðæt]

→ th 철자의 발음은 [θ], [ð] 두 가지로 소리 난다. 따라서 잘 보고 익혀두어야 한다.

단어는 일정한 패턴을 가지고 소리 나는 경우가 많지만, 그렇지 않은 경우도 역시 많으므로 어떤 단어를 처음 외울 때는 반드시 발음기호를 보고 정확하게 익혀놓는 습관을 갖자.

CHAPTER

02 영어의 어순과 문장성분

흔히 사람들은 영어가 우리말과 완전히 반대의 어순을 가진다고 생각한다. 그러나 자세히 살펴보면 꼭 그렇지만은 않다.

She flies. 그녀는 난다

우리나라 말의 **은, 는, 이, 가에 해당하는 말을 주어**(Subjects)라고 한다. 이는 우리나라 문법에도 나와 있는 말이다. 앞서도 말했지만, 우리가 문법을 배우는 이유는 우리가 생활 속에서 영어를 자주 접할 수 없기 때문에 일정한 틀을 가지고 빨리 습득하기 위함임을 잊지 말아야 한다. 주어이니, 동사이니 이러한 이야기가 나오기 시작하면 흔히들 머리에 쥐가 나려고 하는데 절대 그럴 필요가 없다. 주어이니 동사이니 하는 것은 우리말이다. 영어에도 똑같이 주어, 동사 등이 되는 것이니 절대 겁먹을 필요가 없다. 자, 그럼 지금부터 본격적으로 시작해 보자.

위의 문장에서 She가 바로 문장의 주어가 된다. 영어에서 주어는 서술어의 바로 앞에 위치한다. 서술어는 우리말에서 '~이다' 혹은 '~하다'에 해당하는 말이다. 위의 문장은 주어와 서술어만으로 이루어져 있기 때문에 언뜻 보면, 우리말과 어순(말의 순서)이 일치하는 것처럼 보인다. 그렇지만 문장을 좀 더 꾸며놓으면 그 차이를 알 수 있다.

She / flies / like a bird. 그녀는 / 난다 / 새처럼
주어 서술어 부사구

즉, 우리말은 중간에 어떠한 말로 꾸미든지 서술어는 맨 나중에 위치하게 되지만, 영어에서는 서술어가 나오고 그 뒤에서 많은 부분을 꾸며주게 된다.

또한 우리말의 **'을, 를, 에게'에 해당하는 목적어(Objects)**를 가지는 문장에서는 그 차이를 좀 더 명확하게 볼 수 있다.

I / love / you. 나는 / 사랑한다 / 너를

즉, 우리말과 영어를 비교하여 보았을 때 주어의 위치는 같으나 서술어가 영어에서는 주어 바로 뒤에, 우리말에서는 문장의 맨 뒤에 위치한다는 차이점이 있다.

I (주어)	love (서술어)	you (목적어)

이러한 기본적인 차이를 알고 시작해야, 영어의 어순을 이해할 수 있으며, 아울러 영어식의 표현을 사용할 수 있다.

She / is a teacher. 그녀는 / 선생님이다

문장에서 '~이다, ~아니다, ~한 상태'에 해당하는 말을 **보어(complement)**라고 한다. 보어의 기능은 **주어와 서술어만으로 문장이 완전하지 못할 때에 보충해주는 역할**이다.

she(주어)	is(서술어)	a teacher(보어)

우리나라 말에서는 **서술어(Predicates)**를 동사와 형용사가 담당한다.

하늘이 파랗다. (형용사인 '파랗다'가 서술어)
그녀는 달린다. (동사인 '달리다'가 서술어)

그렇지만 영어에서는 **형용사만으로는 서술어를 이룰 수 없다.**

The sky **is** blue.
She **runs**.

영어에서는 **오직 동사만이 서술어를 구성**할 수 있으며, 그 동사의 하나는 **be동사**이고 다른 하나는 **일반동사**이다. 그렇기 때문에 흔히 영어문법에는 '동사=서술어' 1:1 관계가 성립한다. 따라서 일반적으로 **서술어가 아닌 '동사'로** 그 명칭을 부르고 있다. 문장이 구성되면 '주어'와 '서술어'라고 부르는 것이 원칙적으로 옳은 것이고 현재는 많은 강의와 책들에서 주어와 서술어로 부르는 움직임이 있기는 하지만, 아직도 많은 책들에서 주어와 동사로 부르고 있기 때문에 이 책에서도 앞으로는 서술어를 '동사'라고 부르기로 한다. be동사와 일반동사에 대해서는 다음 장에 자세히 다루기로 하겠다.

문장을 읽을 때는 동사를 인지하는 것이 중요한데 그 이유는 동사가 문장의 중심축을 이루고 있기 때문이다. 동사의 바로 앞부분까지가 주어 부분이 되며, 동사의 뜻에 따라 뒤의 내용도 결정된다.

I / am a boy.　　　나는 / 소년이다

위 문장에서 am이 동사이므로 그 앞까지가 주어인 I, 동사의 뜻이 '~이다'이므로 그 뒤에 오는 말을 보충 설명할 필요가 생겼다. 그래서 a boy가 보어가 되는 것이다.

지금은 시작 단계이므로 다음 표의 내용만 기억하자. 그렇지만 동사와 보어를 따로 해석할 수는 없다. 앞서 이야기했듯이 보어가 없다면 서술어가 제대로 구성되지 않기 때문이다.

문장을 이루는 구성성분들

구성성분	문장에서 찾아보기	
주어(Subjects) / S	**Tom** has a chair.	**They** are students.
서술어: 동사(Verbs) / V	I **like** a dog.	I **am** happy.
목적어(Objects) / O	He eats **an apple**.	He loves **you**.
보어(Complements) / C	He looks **happy**.	I am **a doctor**.

문장에서 일단 주어는 보어와 목적어의 결정에 영향을 미치지 않는다. 문장에서 목적어가 필요한지 보어가 필요한지는 **동사의 뜻**에 달려있는 것이다. 즉, 동사가 무언가에게 행위를 하는 것이면 목적어가 필요하고, 주어와 동사만으로는 뜻이 완성되지 않는 것이면 보어를 필요로 하게 되는 것이다. 더 자세한 내용은 <Chapter 4. 문장의 형식>에서 다루도록 하겠다.

※ 문장의 구성성분에는 주어, 동사, 목적어, 보어가 있으며 목적어와 보어의 필요 여부는 동사의 뜻에 따라 결정된다. 주어를 설명하는 보어는 서술어와 함께 묶어서 해석한다.

CHAPTER

03 단어의 품사

앞 장에서 우리는 문장의 성분을 배웠다. 문장은 여러 가지 악기들이 어울려 하나의 음악을 탄생시키듯이 낱개의 품사들이 서로 어울려 만들어내는 것이다. 단어가 낱개로 떨어져 있을 때는 품사라는 것의 이름을 갖고, 그것이 문장에서 어떠한 역할을 하느냐에 따라 문장성분의 이름을 갖는 것이다. 예를 들면 필자는 이름이 '이호원'으로 일정하지만 어디에서 무슨 역할을 하는지에 따라 호칭이 달라지는데 학원에 있을 때는 '선생님'이고 집에 있을 때는 부모님의 '아들'이 되는 것으로 생각하면 이해가 빠를 것이다.

1. 명사(名詞, Nouns)

명사란 말 그대로 사람, 사물, 건물, 지역, 생각의 **이름을 이르는 말**이다. Tom, Howon, computer, love, water, river, 63building 등이 여기에 해당된다. 명사는 이름을 나타내는 말이므로 행위를 설명하는 동사는 될 수 없다. 문장 안에서는 주어, 보어, 목적어의 기능을 하게 된다.

지금부터 computer라는 명사가 문장 안에서 어떻게 쓰이는지 살펴보자.

① **A computer** / is very expensive. 컴퓨터는 / 매우 비싸다

computer라는 명사가 is라는 동사 앞에서 **주어**로 쓰였다. expensive는 보어이다.

② I / need / **a computer**. 나는 / 필요로 한다 / 컴퓨터를

computer라는 명사가 need라는 동사 뒤에서 **목적어**로 쓰였다.

③ This / is **a computer**.　　이것은 / 컴퓨터이다

computer라는 명사가 is 뒤에서 **보어**로 쓰였다.

주어 자리	동사 자리	목적어/보어 자리
A boy	is	cute
She	saw	**a boy**
He	is	**a boy**

위와 같이 명사는 문장 내에서 주어, 목적어, 보어의 역할을 수행한다.

앞으로 어디에서건 '명사'라는 이름이 들어가게 되면(명사, 대명사, 동명사, 명사구, 명사절, 명사적 용법 등) **주어, 목적어, 보어의 기능을 할 수 있다는 것을 기억하자.**

2. 대명사(代名詞, Pronouns)

대명사란 한자에도 나타나 있듯 '명사를 대신하는 말'이라는 뜻이다. 대명사는 명사를 대신하여 쓰는 말로서 문장의 명사 자리에 대신 들어가 명사가 했던 역할을 그대로 수행하게 된다.

① **The book** / is very interesting.　　**그 책**은 / 아주 흥미롭다
② I / love / **Tom**.　　나는 / 사랑한다 / **Tom**을
③ This / is **Tom's book**.　　이것은 / **Tom의 책**이다

위의 세 문장에 쓰인 명사들을 대명사로 바꾸어 보면 다음과 같다.

① **It** / is very interesting.　　**그것**은 / 아주 흥미롭다
② I / love / **him**.　　나는 / 사랑한다 / **그**를
③ This / is **his book**.　　이것은 / **그의 책**이다
(= his)　　**그의 것**

인칭대명사 표

	주격 (주어 자리) (은, 는, 이, 가)	소유격 (~의)	목적격 (목적어 자리) (을, 를, 에게)	소유대명사 (소유격+명사) (~의 것)
1인칭 단수	I	my	me	mine
1인칭 복수	we	our	us	ours
2인칭(단, 복수)	you	your	you	yours
3인칭 남자 단수	he	his	him	his
3인칭 여자 단수	she	her	her	hers
3인칭 복수	they	their	them	theirs
3인칭 사물 단수	it	its	it	없음

우리나라 말에서는 **'조사'**를 사용하여 '**그는, 그를, 그에게**' 등으로 활용하지만, 영어에서는 대명사의 역할에 따라 그 모양을 변형하여 활용된다. 위 표를 반드시 암기하여 활용할 수 있도록 해야 한다.

※ 대명사는 명사 대신에 문장의 명사 자리에 들어가 원래 명사의 역할을 수행한다. 인칭대명사는 그 위치와 쓰임에 따라 모양이 변한다.

3. 동사(動詞, Verbs)

동사는 움직임을 표현하는 말이라는 뜻이다. 영어에서는 이 뜻과 더불어 상태를 표현하는 말이라는 뜻을 가진다. 문장의 주어가 무엇을 하는지, 혹은 어떠한지를 설명해 주는 역할이다.

1) 동사의 종류

① be동사(State of Being Verb): 존재하는 것의 상태동사

'~이다, ~한 상태이다, ~에 있다' 등의 의미를 가진다.

be동사는 현재형 am, are, is와 과거형 were, was를 이르는 말인데 이 동사들의 기본형이 'be'이기 때문에 be동사라고 부른다.

I / **am** a boy.
나는 / 소년**이다**

He / **is** a teacher.
그는 / 선생님**이다**

② 일반동사(Action Verb): 동작을 나타내는 동사

일반동사는 be동사와 조동사를 제외한 나머지 동사들을 이르는 말이다. 대부분의 동사가 여기에 속한다.

She / **loves** / you.
그녀는 / **사랑한다** / 너를

They / **run** very fast.
그들은 / **달린다** 매우 빠르게

③ 조동사

조동사는 일반동사와 be동사를 도와서 동사의 의미를 구체화하는 역할을 한다. 조동사는 항상 뒤에 오는 동사(구)와 함께 묶어서 영작하고 해석한다.

He / **can** be a teacher
그는 / 선생님이 될 **수 있다**

They / **must** run very fast.
그들은 / 뛰어야 **한다** 매우 빨리

동사는 문장 속에서 주어를 서술해주는 기능을 한다. 동사는 크게 세 가지로 나눌 수 있는데 be동사와 일반동사 그리고 그들의 의미를 확장시켜주는 조동사가 그것이다.

※ 동사는 문장 속에서 문장의 형태를 결정하는 가장 중요한 성분이다.

4. 형용사(形容詞, Adjectives)

형용사는 상태나 성질을 표현하는 말이다. 즉, a, an, the(관사이지만 명사를 수식하는 점에서), happy, long, short, sad, high, low 등이 이에 해당된다.

문장에서 형용사의 역할은 크게 두 가지로 요약될 수 있다. 첫 번째 역할은 be동사나 상태를 나타내는 일반동사 뒤에서 문장의 **보어 역할**을 하는 것이고, 다른 하나는 **명사를 수식**하는 기능이다.

1) 보어로서의 역할(상태를 표현)

He / is **cute**.	I / am **happy**.	She / feels **hungry**.	They / look **sad**.
그는 / 귀엽다	나는 / 행복하다	그녀는 / 배고프게 느낀다	그들은 / 슬퍼 보인다
(귀여운 상태이다)	(행복한 상태이다)	(배고픈 상태를 느낀다)	(슬픈 상태로 보인다)

2) 명사를 수식하는 역할

I / have / **beautiful** eyes. 나는 / 가졌다 / **예쁜** 눈들을

He / has / a **nice** car. 그는 / 가졌다 / **좋은** 차를

형용사는 문장 속에서 크게 두 가지의 기능을 한다. 하나는 문장의 보어 역할이며, 다른 하나는 명사를 수식하는 역할이다.

5. 부사(副詞, Adverbs)

부사는 '시간, 장소, 이유, 방법' 등을 나타내며 형용사나 동사 그리고 다른 부사를 수식하는 역할을 한다. 부사가 문장의 성분으로 사용되는 경우는 없으며, 문장의 뜻을 구체화시키는 역할을 한다.

1) 동사를 수식하는 역할

He / runs **fast**. 그는 / 뛴다 **빠르게**
She/ walks **slowly**. 그녀는 / 걷는다 **느리게**

2) 형용사를 수식하는 역할

He / has / **very** beautiful eyes.
그는 / 가졌다 / **매우** 예쁜 눈을

3) 다른 부사를 수식하는 역할

She / likes / it **very** much.
그녀는 / 좋아한다 / 그것을 **아주** 많이

부사는 문장 속에서 동사, 형용사 그리고 다른 부사를 수식하는 역할을 한다.

6. 전치사(前置詞, Prepositions)

전치사라는 뜻은 '앞에 두는 말'이라는 한자어의 의미를 가지고 있다. 이것은 영어의 언어적 특성을 가장 잘 나타내어 주는 것으로 볼 수 있다. 예컨대 우리나라 말은 전치사와 대비되는 '후치사(後置詞)'라는 것을 가지고 있다. 아래의 문장을 통해 한 번 살펴보도록 하자.

I stood **in** the lobby **of** the hotel.
나**는** 호텔**의** 로비**에** 서있었다.

위에서 보는 바와 같이 우리나라 말에서는 각각의 낱말을 이어주는 '는, 의, 에'의 말을 '조사'라 하고, 낱말의 뒤에 온다고 하여 '후치사'라고 하는데, 앞서 이야기했듯 영어는 **주어와 동사가 나온 이후에 뒤에서 수식하는 구조**를 가지므로 전치사가 낱말의 앞에 오고 전치사를 통해서 수식의 기능을 이어나간다.

전치사에는 on, at, in, of, for, before, after, about 등이 있다.

전치사의 뒤에는 항상 **명사**라는 말이 들어가는 것(동명사, 명사, 대명사의 목적격)들만 올 수 있다.

I / fell in **love** / with **Tom**.
나는 / **사랑**에 빠졌다 / Tom과

전치사 뒤에 **명사**가 왔다.

I / can't live / without **him**.
나는 / 살 수 없다 / 그 없이

전치사 뒤에 **대명사**가 왔다.

She / was worried / about **speaking** to you.
그녀는 / 걱정했다 / 네게 **말하는 것**에 대해

전치사 뒤에 **동명사**가 왔다.

※ 전치사는 앞에 두는 말이라는 뜻으로 문장에서 수식 어구를 이끄는 역할을 한다. 전치사는 명사의 앞에 놓인다. 즉, 전치사 뒤에는 명사라는 말이 들어가는 것들만 올 수 있다.

7. 접속사(接續詞, Conjunctions)

접속사는 문장과 문장, 혹은 단어와 단어를 연결하는 단어들을 말한다. 'and, but, or, nor, although, if, however, not A but B' 등이 이에 해당된다. 자세한 내용은 후에 나오는 접속사 편을 참고하길 바란다.

Tom **and** I / work together.
Tom**과** 나는 / 일한다 함께

Chang / is a slow **but** strong person.
Chang은 / 느리지**만** 힘이 센 사람이다

[**Although** he is a teacher], he / isn't smart.
[그는 선생님이**지만**], 그는 / 영리하지는 않다

It is **not** you **but** me.
그것은 네가 아니라 나이다

I / did not like **nor** appreciate / your actions.
나는 / 좋아하거**나** 고마워하지 않았다 / 너의 행동들을

접속사로 두 문장이 합쳐지는 경우에는 겹치는 동사 혹은 주어, 목적어 등이 생략될 수 있다.

Dolphins / live in the sea / **and** eat / fish.
돌고래들은 / 산다 / 바다에서 / **그리고** 먹는다 / 물고기를

원래의 문장은 아래와 같이 두 문장이었다.

① Dolphins live in the sea.
② Dolphins eat fish.

여기에서 겹치는 주어 부분을 하나로 만들면서 And를 사용한 것이다. 따라서 이 문장은 동사(live, eat)를 두 개 가진 문장이 되는 것이다.

※ 접속사는 문장과 문장, 단어와 단어 등을 이어주는 역할을 하며, 동사나 주어가 두 개 이상인 문장을 만들 수 있다.

8. 감탄사(感歎詞, Interjections)

감탄사는 외치거나 반대하거나 명령할 때 쓰이는 단어나 문구를 말한다. 감탄사는 대부분 쉼표(,)로 단독적으로 구별되어 사용되지만, 종종 더 큰 틀 속으로 들어가 문장에서 사용되곤 한다.

Wow, this / is very nice.
와, 이것은 / 매우 좋구나

Oh, I / don't know / about that.
오, 나는 / 모르겠어 / 그것에 대해서

No, you / can't do that.
안 돼, 너는 / 할 수 없어 그것을

I / don't know / **what the heck[what on earth]** / you / are talking about.
나는 / 모르겠어 / **도대체** / 네가 / 무엇에 대해 말하고 있는지

감탄사는 주로 구어적인 표현에서 쓰는 표현으로 학문적인 성격의 글이나, 형식을 지켜야 하는 글에서는 잘 쓰지 않는다.

지금까지 영어 문장의 어순과 문장의 구성 성분, 문장을 구성하는 품사들을 살펴보았다. 그 내용을 표로 정리하여 보면 다음과 같다.

문장의 성분

구성 성분	문장에서의 역할	문장에서 보기
주어	행위나 상태의 주체	He / is a doctor. S V + C
동사	행위나 상태를 설명	
보어	상태 표현을 보충	Tom / loves / you. S V O
목적어	주어가 하는 행위의 대상	

S: 주어(Subjects), V: 동사(Verbs), C: 보어(Complements), O: 목적어(Objectives)

품사

품사	특징	문장에서 보기
명사	사물, 사람, 지역 등의 이름 (주어, 목적어, 보어로 쓰임)	**Tom** / has / a **dog**. I / like / **roses**. **S V C S V O**
대명사	명사 자리를 대신하는 말	**He** / has / a dog. I / like / **them**. **S V O S V O**
동사	행위나 상태를 표현하는 말 (be동사, 일반동사, 조동사)	She / **is** / happy. They / **have** / lunch. I / **will be** / a model.
형용사	상태나 모양을 표현하는 말 (명사 수식, 문장의 보어 역할)	She / is **happy**. You / are the **best** friend. S **V+C** S **V + C**
부사	시간, 장소, 이유, 방법 (동사, 형용사, 다른 부사 수식)	She / lived **happily**. They / can run **fast.** Thank / you **very much**.
전치사	명사의 앞에 옴 (뒤에 오는 명사와 함께 수식의 기능)	The man **of** the house / is handsome. She / stood / **in** front **of** the door.
접속사	문장과 문장을 연결 혹은 단어와 단어를 연결	She **and** I / are good friends. He **or** She /wants / to go there.
감탄사	대부분 독립적으로 사용 (외침, 반대 등의 표현)	**No**, It / is impossible. **Oh**, that / is cute.

CHAPTER

04 문장의 형식

영어 문장은 크게 다섯 가지의 모양 안에서 이루어진다. 이 다섯 가지 모양을 결정짓는 요소들은 앞서 배웠던 주어, 목적어, 보어, 동사이다. 주어와 동사는 어느 문장에나 존재하는 것이므로 목적어나 보어에 따라 문장의 모양과 해석이 결정된다고 보면 된다. 우리가 이러한 형식들을 익히는 이유는 우리말은 **'조사'**라는 것이 있어서, 문장의 관계들을 명확히 나타내지만, 영어에는 조사가 없어서 그 위치와 쓰임을 통해 의미를 파악해야 하기 때문이다.

1형식부터 5형식까지의 문장을 살펴볼 것인데, 이 번호들은 가장 단순한 형태부터 복잡한 형태로 나가는 번호를 붙여놓은 것으로 5형식 문장이 가장 복잡한 구조를 가진다고 이해하면 되며, 문장의 형식에 붙여지는 번호가 문장 성분의 개수를 말하는 것은 아니다. 문장의 형식 구분은 **동사가 문장 속에서 어떤 뜻을 가지며 무엇을 필요로 하는가**에 달려있다. 현재는 문장을 다섯 개의 형식으로 나누는 데에 반감을 가지는 학자들도 많지만, 영어를 외국어로 학습하는 사람들에게 있어서 하나의 틀을 중심으로 갖는 것은 큰 도움이 될 것이라는 판단에서 이 책에 이 내용을 넣기로 했다. 물론 이 다섯 가지 형식으로 모든 문장을 설명할 수는 없지만 이 형식들을 벗어나는 문장들은 그때그때 그 의미를 익히면 된다.

모든 문장의 형식은 '동사'의 쓰임에 달려있다. 동사의 의미에 따라서 모든 것이 결정된다.

1. 1형식 문장

1형식 문장은 **주어와 동사**만으로 이루어진 것이다. 1형식에는 아무 동사나 올 수 있는 것은 아니고 **목적어나 보어 없이도 문장의 뜻이 완벽**하게 될 수 있는 동사만 올 수 있다. 해석은 **(주어는 / 동사하다)**의 형태로 한다.

She / swims. 그녀는 / 헤엄친다
S V

She / <u>can swim</u> fast. 그녀는 / 헤엄칠 수 있다 빠르게
S V

He / cries. 그가 / 운다
S V

They / run very fast. 그들은 / 뛴다 빠르게
S V

또한 1형식에 쓰이는 동사를 '**완전자동사**'라고 하는데, 동사에 있어서 보어를 필요로 하는가에 따라 필요하면 **불완전**, 필요로 하지 않으면 **완전**이라 하고, **목적어**를 필요로 하면 **타동사**, 필요로 하지 않으면 **자동사**라고 한다. 즉 1형식으로 쓰이는 동사들은 목적어와 보어 모두를 필요로 하지 않으므로 **완전자동사**라 하는 것이다.

동사이름

불완전(보어 필요)	완전(보어 필요 없음)
타동사(목적어 필요)	자동사(목적어 필요 없음)

2. 2형식 문장

2형식 문장은 주어, 동사, 그리고 주어에 대한 보어(주격보어)로 이루어진 문장이다. 대부분의 문장은 be동사가 동사의 기능을 담당하는 문장이며, **상태를 나타내는 동사**의 경우가 2형식이라고 할 수 있다. 해석은 [**주어는 보어하다 / 보어이다**(**보어가 되다, 보어 상태이다**)]의 형태로 한다.

보어가 없으면 그 의미가 완성되지 않으므로, 동사와 보어를 함께 해석하고 영작하는 훈련을 해야 한다.

She / is a doctor. 그녀는 / 의사이다
S V + C

I / am happy.
S V+C

나는 / 행복하다

They / look beautiful.
S V+C

그들은 / 아름다워 보인다(아름다운 상태로 보인다)

She / became a doctor.
S V+C

그녀는 / 선생님이 되었다

위에서 보면 알 수 있듯이, 주어에 대한 보어(주격보어)는 명사와 형용사가 담당한다. 그리고 주격보어는 항상 동사와 함께 묶어서 영작하고 해석한다.

3. 3형식 문장

3형식 문장은 **주어, 동사, 그리고 목적어 한 개**로 이루어진 문장이다.
해석은 **(주어는 / 동사하다 / 목적어를)**의 형태로 한다.

I / love / you.
S V O

나는 / 사랑한다 / 너를

I / made / a chair.
S V O

나는 / 만들었다 / 의자 하나를

She / hates / you.
S V O

그녀는 / 싫어한다 / 너를

Tom / gave / a pen / to Jack.
S V O

Tom은 / 주었다 / 펜을 / Jack에게

I / saw / him / at the hotel.
S V O

나는 / 보았다 / 그를 / 호텔에서

다시 한 번 말하지만 주어, 목적어, 보어, 동사(서술어) 이외에는 문장성분으로 기능을 할 수 없다. 일반적인 상황에서 전치사와 명사의 결합은 문장을 구체화하는 기능만을 가질 뿐 필수 성분은 아닌 것이다.

4. 4형식 문장

4형식 문장은 **주어, 동사, 간접목적어, 직접목적어**로 이루어져 있다. 해석은 **(주어는 / 동사하다 / 간접목적어에게 / 직접목적어를)**의 형태로 한다.

I / will show / him / a pen. 나는 / 보여줄 것이다 / 그에게 / 펜을
S V I.O. D.O.

위 문장에서 직접적으로 보여주게 되는 물건이 pen이므로 직접목적어(**D**irect **O**bjects)라 하며 D.O.로 표시하며, 보게 되는 대상인 him은 간접목적어(**I**ndirect **O**bjects)라 하며, I.O.로 표시한다.

She / gave / me / some advice. 그녀는 / 주었다 / 나에게 / 조언을
S V I.O. D.O.

They / buy / me / a pen. 그들은 / 사 준다 / 나에게 / 펜을
S V I.O. D.O.

4형식에서는 동사의 뜻이 '~해주다'로 나타나므로 준다는 뜻의 **'수여(授與)동사'**라고 부르기도 한다.

4형식과 3형식

3형식과 4형식의 문장에는 모두 목적어가 존재한다. 두 종류의 문장에서 차이점은 4형식은 목적어가 두 개, 3형식은 목적어가 한 개라는 점이다. 4형식에 있는 간접목적어를 전치사를 사용하여 뒤로 보내면 3형식으로 바꿀 수 있다.

즉, [She / gave / me / some advice.]라는 4형식 문장은

[She / gave / some advice / to me.]의 3형식 문장으로 바꿀 수 있는 것이다.

'전치사+명사'는 문장의 성분으로 보지 않는다

4형식을 3형식으로 바꿀 때에 쓰이는 전치사는 각기 다를 수 있으므로 주의한다.

buy+목적어 **for**
bring+목적어 **to**
give+목적어 **to**
show+목적어 **to**
make+목적어 **for**

이렇게 외우자.

buy it for me
bring it to me
give it to me
show it to me
make it for me

위에서 살펴보면, **4형식은 전치사를 쓰지 않고 단어의 배열만으로 표현**하며, **3형식**에서는 **'~에게'라는 표현을 할 때, 전치사를 사용**하는 것을 알 수 있다.

5. 5형식 문장

5형식의 문장은 주어, 동사, 목적어, 목적어의 보어(목적보어, **O.C.**, **O**bject **C**omplements)로 이루어진 문장이다. 이러한 문장들의 해석은 **'주어는 / ~한다 / 목적어를(가, 에게) / ~하는 것을, ~하도록, ~하라고, ~하게(~한 상태로), ~로'**의 형태로 하면 된다.

문장에 따라서 목적보어의 우리말 해석이 차이가 나게 되므로 많은 문장을 통해서 익히도록 한다.

① She / made / me / a doctor.
S V O O.C.

그녀는 / 만들었다 / 나를 / 의사로

② She / made / me / happy.
S V O O.C.

그녀는 / 만들었다 / 나를 / 행복하게(행복한 상태로)

③ She / made / me / go to university.
S V O O.C.

그녀는 / 만들었다 / 나를 / 대학에 가게

④ I / saw / him / driving.
S V O O.C.

나는 / 보았다 / 그가 / 운전하는 것을

⑤ I / saw / him / drive.
S V O O.C.

나는 / 보았다 / 그가 / 운전하는 것을

⑥ I / want / him / to go there.
S V O O.C.

나는 / 원한다 / 그에게 / 그곳에 가기를

5형식 문장 중에서 주어가 목적어에게 뭔가를 시키는 것으로 해석이 되는 문장들이 있다 이러한 문장을 이끄는 동사를 **'사역(使役)동사'**라고 하며, **무언가를 시키는 동사**라는 뜻이다. 종류로는 **make, let, have** 등이 있다. 이 동사들의 특징은 **목적보어로 능동동사가 올 경우**에는 **'동사의 기본형(원형)'**이 오는 것이다.

위의 ①~③의 문장을 살펴보면, ①번은 목적어에 대한 보어로 명사가, ②번은 목적어에 대한 보어로 형용사가, ③번은 목적어에 대한 보어로 동사가 각각 쓰였음을 알 수 있다. ③번의 동사는 과거를 나타내고 있지만, 목적보어는 원형이 왔음을 볼 수 있다. 즉, 주어가 목적어로 하여금 무언가를 하게 할 때는 동사의 원형이 그 목적어의 보어 역할을 해줘야 한다.

또한 ④번과 ⑤번 문장을 보면 see(saw의 기본형)라는 동사의 목적어로 him이 왔고, 그 뒤의 목적보어로 driving과 drive가 왔는데, 둘 다 맞는 표현이다. see와 같이 **사람이 보고 느끼는 것을 지각(知覺)동사** 혹은 **감각(感覺)동사**라고 하는데, 종류로는 **hear, listen, feel, watch, see** 등이 있다. 이 동사의 특징은 5형식으로 쓰였을 때 **목적보어**로 **능동동사**의 뜻이 와야 할 때 사역동사와 마찬가지로 **원형**이 오거나, **-ing 형태**가 와야 한다는 것이다.

⑥번 문장에서는 **목적보어**로 **to부정사**가 온 것을 볼 수 있다. 뒤에 다시 설명하겠지만, **사역동사와 지각동사를 제외한 나머지 동사들은 to부정사를 목적보어**로 가진다.

지금까지 문장의 다섯 가지 형식을 살펴보았다. 앞서 말했듯이 이것은 먼저 문형을 정해놓고 맞추는 것이 아니며, 실제의 문장들의 패턴이 위의 다섯 가지 패턴으로 요약될 수 있다는 것을 보여주는 것이다. 문장의 형태를 알고 있다면, 영어를 읽고 쓰고, 말하고, 듣는 데에 아주 유용할 것이다. 이 **모든 문장의 형태를 동사의 의미가 결정**한다.

CHAPTER

05 명사(Nouns) 관련 문법 I

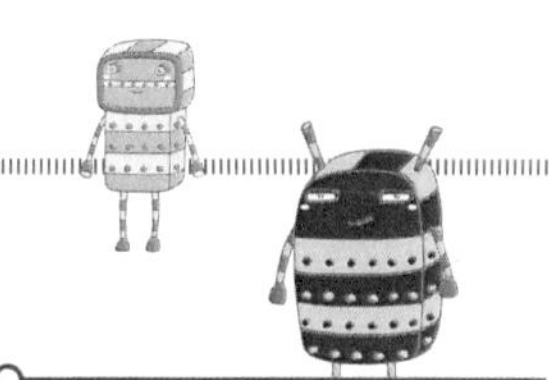

명사는 앞서 살펴보았듯이 무언가의 이름을 뜻하는 단어들을 말한다. 우리가 사는 세상을 생각해 보면 수많은 명사들이 주위에 널려 있는 것을 알 수 있을 것이다. 자동차며, 옷, 비행기, 정치, 학생…. 이러한 모든 것들이 '명사'이다. 따라서 명사는 그 수와 종류가 아주 다양하며, 우리가 살아온 환경과 다른 영어권 국가들을 생각해 볼 때 다소 생소한 명사들도 많을 것이다. 그렇지만 사람 사는 모습은 어디에나 공통된 부분이 있으므로 — 누구나 의식주를 해결해야 하고, 일을 하고 사랑을 하고 살아야 하니까 — 자신감을 갖고 공부를 시작해 보자.

1. 명사의 종류

명사를 분류할 때는 크게는 두 가지로 분류한다. 셀 수 있는 명사와 셀 수 없는 명사가 바로 그것이다. 그리고 특성에 따라 세분화하여 분류하면 보통명사, 물질명사, 추상명사, 고유명사, 집합명사로 분류할 수 있다. 이제부터 각각의 특성들을 살펴보자.

1) 보통명사(General Nouns)

우리가 방 안을 휙 둘러봤을 때에 볼 수 있는 외형을 가지고 있고 낱개 단위로 손쉽게 셀 수 있는 사물의 이름들이 바로 이 분류에 속한다.

예 a box, an apple, a computer, a book, a desk, a cup 등

2) 물질명사(Mass Nouns)

물질명사는 우리가 보거나 만지거나 느끼거나 할 수는 있지만, 일정하게 낱개의 단위로 셀 수 없는 것들을 말한다. 예컨대 물이나, 주스, 소금 등은 어떠한 도구를 이용해야 담을 수 있는 것이기 때문에 그냥 한 개, 두 개로는 셀 수가 없고 이러한 것들이 대부분 물질이기 때문에 물질명사라는 이름이 붙었다.

예 water, wood, salt, beer, dust, air, bread, cheese 등

3) 추상명사(Abstract Nouns)

추상명사는 관념적인 부분의 명사이다. 즉, 우리가 모두 인지하고는 있지만, 존재하지는 않는 것의 이름을 이르는 말이다. 예를 들어 사랑, 평화, 공포, 정보 따위의 것들은 우리가 알고는 있지만, 일정한 형태를 갖고 있지는 않다.

예 love, peace, fear, information, anger, warmth, safety 등

4) 고유명사(Proper Nouns)

고유명사는 말 그대로 고유하게 그것만이 갖는 이름을 말한다. 저자의 이름인 이호원, 서울에 있는 한강, 서울이라는 말 그 자체 등이 고유명사이다. 즉, 사람과 사물의 이름, 지역과 건물 등의 고유한 이름을 나타내는 말이다.

예 America, Korea, Jane, Nick, Hyundae, Howon 등
(★고유한 이름이기 때문에 맨 앞의 철자는 대문자로 쓴다)

5) 집합명사(Collective Nouns)

집합명사는 그 자체로는 하나를 뜻하는 형태이지만, 그 속에는 여러 가지 것들이 포함되어 있는 명사의 형태를 말한다. 예를 들어 '가족'이라는 명사 속에는 엄마, 아빠, 아이들이라는 말이 포함되어 있는 것이다.

예 team, family, committee, herb, class 등

※ 명사의 종류는, 보통명사, 물질명사, 추상명사, 고유명사, 집합명사 등이 있으며, 이 중 보통명사는 낱개로 셀 수 있어서 셀 수 있는 명사라고 하고, 물질명사, 고유명사, 추상명사는 일반적으로 셀 수 없는 명사라고 한다.

2. 관사(冠詞, Articles)

관사라는 것은 '명사의 앞에 무언가를 씌운다'라는 의미이다. 이것은 우리나라의 언어에는 없는 것으로, 종종 영어공부를 하는 데 있어서 가장 생소한 문제로 다가 올 수 있다.

관사의 종류는 a, an, the 이렇게 세 개이다.

1) 부정관사 a와 an의 쓰임

a desk, a computer, a flower, a cup 등으로 쓰이는데, 보통명사가 한 개를 지칭할 경우에 쓴다. 이것은 선택사항이 아니며, 반드시 써줘야 하는 것이다. 앞서 말했지만 우리나라 말에는 없는 것이므로 습관화시켜야 한다.

an apple, an hour, an umbrella 등에 쓰이는 an은 관사 뒤에 오는 첫 단어의 발음 초성이 모음 [a, e, I, o, u(아, 에, 이, 오, 우)]로 소리 날 때 쓰인다.

> ※ an university(x) / a university(o)
> 비록 철자는 'u'로 시작되더라도 발음이 University[jùːnəvə́ːrsəti]로 나므로 관사 'a'를 써줘야 한다.
> 반면에 an hour의 경우는 철자는 'h'로 시작되지만 발음은 Hour[áuər]로 소리 나므로 'an'을 써줘야 하는 것이다.

a나 an은 그 종류의 사물 중 '정해지지 않은 아무거나 하나'를 가리킨다고 하여 **'부정관사(不定冠詞, Indefinite article)'**라고 부른다.

(1) 특정하지 않은 하나를 가리킬 때

I have **a pen**.
She has **a bag**.

(2) '~마다'의 의미로

She / brushes / her teeth / three times **a day**.
그녀는 / 칫솔질 한다 / 그녀의 이를 / 하루에 세 번

2) 정관사 the의 쓰임

a와 an을 부정관사라고 하는 것과 반대로 **the**는 정해진 것을 가리킨다 하여 **'정관사(定冠詞, Definitive article)'**라고 부른다.

I / have / **a dog.** 나는 / 가지고 있다 / **개 한 마리를**
S V O

The dog / is white. **그 개는** / 하얗다
S V + C

위에서 볼 수 있듯이 a dog은 무수히 많은 개들 중 한 마리를 가지고 있다는 뜻이며, the dog은 이미 언급된 그 개를 지칭하는 말이다. 즉, a와 an은 **'정해지지 않은 하나'**를 뜻하며 the는 이미 언급된 **'바로 그것'**을 이르는 말이다.

the의 일반적인 쓰임은 다음과 같다.

(1) 명사가 특정한 것을 가리킬 때

① 한 번 나온 명사는 the를 사용하여 받는다.

A man / is waking down a road. **The man** / has / a suitcase.
한 남자가 / 길을 걸어 내려오고 있다 **그 남자**는 / 가지고 있다 / 서류가방을

a man이 앞서 언급되었기 때문에 그 뒤에 그 사람을 말하려면 the man으로 쓴다.

② 다음의 경우에는 앞서 언급되지 않아도 the를 쓴다.

- 서로 알고 있는 내용이거나 상황인 경우에

The president / will arrive soon.
대통령은 / 곧 도착할 것이다

한국에 사는 사람이라면, 대통령이 한 명뿐이라는 사실을 누구나 안다. 따라서 이런 경우에는 the를 써 줄 수 있다.

혹은 마을에 학교가 하나밖에 없는데 그 학교에서 일하고 있을 때는

I / am working in **the school**.
나는 / 일하고 있어 학교에서

이라고 쓸 수 있는 것이다.

- 단 하나뿐인 것을 지칭하는 명사일 때

the sun, the moon, the Pope, the earth

- 형용사의 최상급 앞과 특정한 형용사 앞에서

He / is **the best** / in his field.
그는 / **최고**이다 / 그의 분야에서 (최상급 앞)
(★최상급에 대해서는 형용사 파트에서 다룰 것이다)

I / enjoyed / **the first** part, but I / disappointed / at **the end**.
나는 / 즐겼다 / 첫 부분을, 하지만 나는 / 실망했다 / 마지막에

She / is **the principal** researcher.
그녀는 / 결정적인(중요한) 연구원이다

(2) 명사가 수식을 받고 있을 때

① 명사가 that, this, these, those, some, any, each, every, no, none, my, mine 등의 수식을 받고 있으면 **the를 쓰지 않는다.**

예 **the** red chairs(○), the some red chairs(×), the no red chairs(×), the my red chairs(×), the every red chair(×)

② 명사의 뒤에서 독립적인 절(clause) who/which/that이나 전치사구(phrase) of/in/to 등이 앞에 있는 명사를 수식할 경우에는 **the를 쓴다.**

The man (who lives next door) / is Tom.
그 남자는 (옆집에 살고 있는) / Tom이다

The journey (to Busan) / takes 3 hours by KTX.
그 여정은 (부산으로 가는) / 3시간이 걸린다 KTX로

The lady (of the house) / has a smart dog.
그 여성분은 (그 집의) / 가지고 있다 영리한 개를

(3) 유용한 표현들

the 사용	the 사용 안 함
The newspapers are useful.	I saw him on **television**.
How long does it take on **the bus**?	I go by **bus**.
I enjoy seeing **the ballet**.	I saw an exciting **movie**.
Put this on **the bed**.	I go to **bed** at 10.
The school is too small.	I go to **school**.
The dinner was good.	I ate **dinner** with my mom.
The church is near my house.	She was at **church**.
The class was at second floor.	She is in **class** now.
They were on **the right** side of you.	Turn **right**.
She played **the piano**. (악기에는 사용 O)	She played **softball**. (운동종목에는 사용 ×)

위의 표에서 특정한 규칙을 굳이 말하자면, 우리의 생활 속에서 생활의 일부가 된 것들은 the를 쓰지 않고 표현하는 것을 볼 수 있다.

The가 쓰이지 않는 경우

be 혹은 go를 사용하는 관용적 표현	We'll go by train. (as opposed to "We'll take the train.) He must be in school.
계절	In spring, we like to clean the house.
기관	He's in church/college/jail/class.
식사	Breakfast was delicious. He's preparing dinner by himself.
질병	He's dying of pneumonia. Appendicitis nearly killed him. She has cancer.
하루 중 시간	We traveled mostly by night. We'll be there around midnight.

하루의 시간을 나타내는 표현 중에 in the morning(아침에), in the afternoon(오후에)도 있는데, 반드시 the를 쓴다는 것을 기억하자. the의 쓰임이 가장 어려운데, 관용적 표현이 나올 때마다 알아 두는 것이 가장 좋은 방법이다. 여러 가지 규칙을 적용하는 것보다는 표현 그 자체와 쓰임을 알아 두는 것이 가장 현명한 방법일 것이다.

낱개로 셀 수 있는 단수명사 앞에는 주로 a, an이 오며, 한 번 언급된 명사는 뒤에서 다시 말할 때 the로 받는다. 관사의 쓰임은 영어를 공부할 때 종종 헷갈리는 부분이므로 이 부분에서는 이 정도만 알도록 하고, 궁금할 때마다 이 부분을 찾아보도록 하자.

CHAPTER

06 명사(Nouns) 관련 문법 II

우리는 앞에서 보통명사(셀 수 있는 명사)의 개수가 하나일 경우에는 a, an을 사용하여 나타낸다는 것을 배웠다. 그렇다면 그러한 것들이 두 개 이상 있을 경우에는 어떻게 해야 할까?

1. 복수명사(Plural Nouns) 만들기

여기에는 몇 가지 규칙이 있고, 규칙을 벗어나는 명사들도 있다.

1) 단어의 끝에 –s만 붙여주면 된다(대부분의 명사가 여기에 해당)

a desk → desks
There are / many desk**s** in the class room.
있다 / 많은 책상**들**이 교실에

a computer → computers
They / make / 100 computer**s** per an hour.
그들은 / 만든다 / 100개의 컴퓨터**들**을 한 시간마다

a keyboard → keyboards
The store / sells / many kinds of keyboard**s**.
그 가게는 / 판다 / 많은 종류의 키보드**들**을

a cup → cups

I / have / many beautiful cup**s**.

나는 / 가지고 있다 / 많은 예쁜 컵**들**을

2) 명사가 –s, –sh, –o, –x, –ch로 끝나면, 단어의 끝에 –es를 붙여준다

a brush → brushes

a church → churches **예외** a photo → photos, a piano→ pianos

a bench → benches

a couch → couches

a box → boxes

a potato→ potatoes

Would you help me / to move these box**es**?

나를 도와 주실래요 / 이 박스들을 옮기도록?

3) 명사가 '자음+y'로 끝나면 y를 i로 고치고 –es를 붙이며, 명사가 '모음+y'로 끝나면 그대로 –s만 붙여준다

자음+y로 끝나는 명사(y→ies)	모음+y로 끝나는 명사(-s)
a baby → babies	a day → days
a lady → ladies	a boy → boys
a fly → flies	a toy → toys
a cherry → cherries	a monkey → monkeys

4) –f, –fe를 –ves로 바꿔 준다

a wife → wives a knife → knives

a leaf → leaves a shelf → shelves

5) 불규칙 변화하는 명사들

(1) -oo-가 -ee-로 변화

a tooth → teeth
a foot → feet
a goose → geese

(2) 기타
a man[mæn] → men [men]
a woman[wúmən] → women[wímin] ★ 발음에 주의
a child → children a mouse → mice
a sheep → sheep a fish → fish a deer → deer

2. 물질명사의 수량 표현

앞서 배웠던 명사 중에 물질명사는 한 개, 두 개 등 낱개로 셀 수가 없다(Uncountable Nouns, 셀 수 없는 명사). 이런 물질명사를 세려면 특정한 단위 혹은 용기(그릇 따위)가 필요하다.

- 종이 한 장: a piece of paper, 종이 두 장: two pieces of paper
- 커피 한 잔: a cup of coffee, 커피 두 잔: two cups of coffee
- 빵 한 조각: a loaf of bread, 빵 두 조각: two loaves of bread
- 우유(물) 한 잔: a glass of milk(water), 우유(물) 두 잔: two glasses of milk(water)

I / need / a piece of paper. 나는 / 필요하다 / 종이 한 장이
I / bought / **two loaves** of **bread**. 나는 / 샀다 / 빵 두 조각을

복수의 표현을 할 때는 수량을 셀 수 있는 단위를 복수 형태로 만들어 주며, 뒤의 물질 명사는 그대로 둔다.

(★ 위의 쓰임들은 일반적인 명사의 뜻으로 쓰였을 때 적용되는 것이다. 관용적 쓰임은 나중에 다시 다루게 될 것이다)

3. 명사의 소유격 만들기

1) 사람의 소유격 표현

소유격이란 문장속의 명사가 누구의 것인지를 나타내 주는 것이다. 가령 Desk라는 것이 있을 때 그것이 Tom의 것이라는 것을 표현하고 싶다면 다음과 같이 나타내 줄 수 있다.

There is a desk. This is **Tom's(Tom의)** desk. This is **Tom's(Tom의 것).**

위 문장의 Tom's라는 말은 'Tom의, Tom의 것'이라는 의미를 가진다.
즉, 소유의 주체가 되는 단수 명사의 뒤에 **['s]**를 붙여주면 된다. 또한 소유의 주체가 되는 명사가 복수일 경우가 있는데 그럴 경우에는 복수명사의 뒤에 **[']**만 붙여주면 된다.

This is my teacher's desk. This is my **teachers'** desk.
(★ 소유격 앞에는 관사(a, an, the)를 붙이지 않는다)

2) 사물의 소유격 표현

일반적으로 사물은 소유격을 표현할 때에 다음과 같은 방법을 사용한다.

The door of the house is very large. 그 **집의 문**은 매우 크다.
즉, of를 사용하여 어디에 속해 있는 것인지를 나타내 주는 것이다.

windows of that building (저 빌딩의 창문들)
a screen of the cinema (그 영화관의 스크린)
the roof of the barn(헛간의 지붕)

3) 이중 소유격 표현

이중 소유격이라는 말이 다소 어렵게 들릴지는 모르지만 알고 보면 간단하다. 앞서 말했던 소유하고 있는 물건에 대한 정보를 더 표시하고 싶을 때 사용하는 것이다.

my teacher's desk에서 desk라는 것이 몇 개인지, 혹은 무슨 색인지 등을 나타내고 싶을 때는 이런 식으로 사용한다.

two desks of my teacher's(내 선생님의 책상 두 개)
a brown desk of my teacher's(내 선생님의 갈색 책상)
a friend of my teacher's(내 선생님의 친구 한 명)

명사의 수량 표현 방법을 잘 익혀두자. 어휘를 많이 외우는 것은 항상 강조해도 지나치지 않다. 모르는 어휘가 나왔을 때는 항상 외우는 습관을 갖도록 하자.

CHAPTER

07 대명사

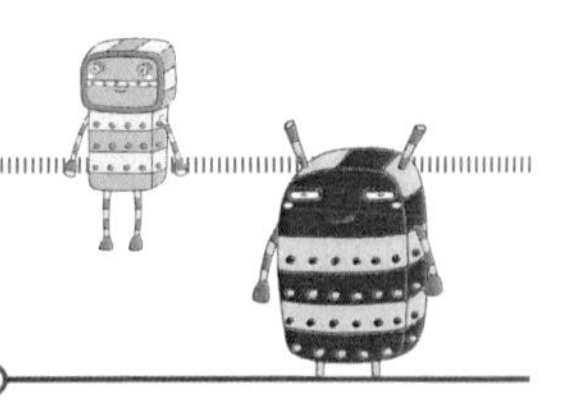

앞서 품사를 살펴본 바와 같이 명사를 대신하는 말을 대명사라고 한다. 이 Chapter 에서는 과연 대명사의 종류에는 어떠한 것들이 있으며 어떻게 쓰이는지 자세히 알아보도록 하자.

1. 인칭대명사

인칭대명사는 사람과 사물에 따라서 1인칭, 2인칭, 3인칭으로 구별되는 대명사를 말한다. 이러한 인칭대명사의 특징은 주어, 목적어, 소유격 등 쓰임에 따라 그 모양이 변화한다는 데 있다. 각각의 모양과 쓰임을 익혀야 어색하지 않은 문장을 만들어 낼 수 있다.

	주격 (주어 자리)	소유격	목적격 (목적어 자리)	소유대명사 (소유격+명사)
1인칭단수	I	my	me	mine
1인칭복수	we	our	us	ours
2인칭(단·복수)	you	your	you	yours
3인칭남자단수	he	his	him	his
3인칭여자단수	she	her	her	hers
3인칭복수	they	their	them	theirs
3인칭사물단수	it	its	it	없음

Tom is a doctor. → **He** is a doctor.

→ 주어인 Tom을 대명사 He가 대신했다.

I love **Tom**. → I love **him**.
→ 목적어인 Tom을 대명사 him이 대신했다.

This car is **Tom's**. → This car is **his**.
→ Tom's를 소유대명사 his가 대신했으며, '그의 것'이라는 의미이다.

2. This와 That(지시대명사)

This / is / a book. **이것**은 / 책이다
That / is / a book. **저것**은 / 책이다

위 문장에서 This는 가까이에 있는 사물을 지칭할 때 쓰이는 대명사로 '이것'이라는 뜻을 지닌다. That은 멀리 있는 사물을 지칭할 때 쓰이며 '저것'이라는 뜻을 지닌다. 사람을 지칭할 때도 쓰이는데 그때에는 '이 사람', '저 사람'의 뜻이다.

This / is my friend. 이 사람은 / 내 친구이다

this와 that은 명사 앞에서 형용사의 기능을 하기도 한다.

This book / is interesting. **이 책**은 / 재미있다
That car / is very nice. **저 차**는 / 매우 좋다

복수인 명사를 꾸며 줄 때는 These(this의 복수)와 Those(that의 복수)를 쓴다.

These books / are interesting. **이 책**들은 / 재미있다
Those cars / are very nice. **저 차**들은 / 매우 좋다

3. 대명사로 쓰이는 it과 one

it과 one은 모두 앞에 있는 사물을 지칭하는 대명사로 쓰인다. 두 대명사의 뜻은 모두 '그것'이지만 it은 바로 앞에 있는 그것을 뜻하며, one은 같은 종류 중 아무거나 하나를 뜻한다.

① I have a pen. I will buy **one** more.
② I have a pen. I will give **it** to Tom.

①번 문장에서 쓰이는 one은 'a pen'의 개념으로 가지고 있는 펜 말고 다른 펜 아무거나 하나를 뜻하며, ②번 문장에서 쓰이는 it은 'the pen'의 개념으로 내가 가지고 있는 '바로 그 펜'을 의미한다.

4. 부정대명사(不定代名詞, Indefinite Pronouns, 정해지지 않은 대명사)

Everybody / should follow him.
모두 / 따라야만 한다 그를

Each of them / has a car.
그들 중 **각각**은 / 가지고 있다 차를

There are two books. **One** is a comic book and **the other** is a novel.
두 개의 책이 있다. **하나**는 만화책이고, **다른 하나**는 소설이다.

사람이나 사물이 두 개만 존재할 경우 처음 지칭하는 하나는 one으로, 나머지 하나는 the other로 말한다.

This one is too large. Show me **another**.
이것은 너무 커요. **다른 걸** 보여 주세요.

위의 표현은 상점에서 옷이나 신발 등을 고를 때 쓸 수 있는 표현이다. 같은 종류의 신발이나 옷 중에 이미 나온 하나를 one으로, 나머지 것들 중 아무거나 하나는 another로 표현한다. 그리고 세 개 존재할 경우 첫 번째 선택되는 것은 one으로 두 번째는 another로 세 번째는 the other로 표현한다.

I have many friends. **Some** are students and **others** are not.
나는 많은 친구들이 있다. 몇몇은 학생이고 몇몇은 그렇지 않다.

여러 사람이나 여러 개의 물건이 있을 경우 두 개 이상을 some으로 나머지 중 두 개 이상을 others로 표현한다. 그리고 나머지 전부는 the others로 표현한다.

위의 문장들의 경우와 같이 특정한 명사를 대신하진 않지만, 대명사 그 자체가 명사의 기능을 하는 것들을 부정대명사라 하며, 그 종류에는 everybody, anybody, somebody, all, each, every, some, none, one 등이 있다,

앞서 설명했던 부정수량대명사를 그림으로 표현하면 다음과 같다.

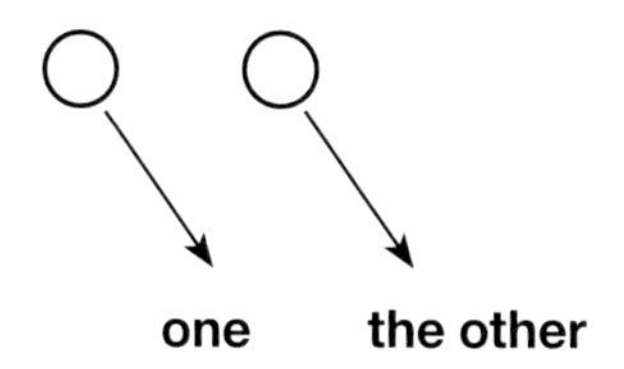

두 개의 공이 있을 때, 처음 지칭하는 것은 one, 나머지는 the other이다.

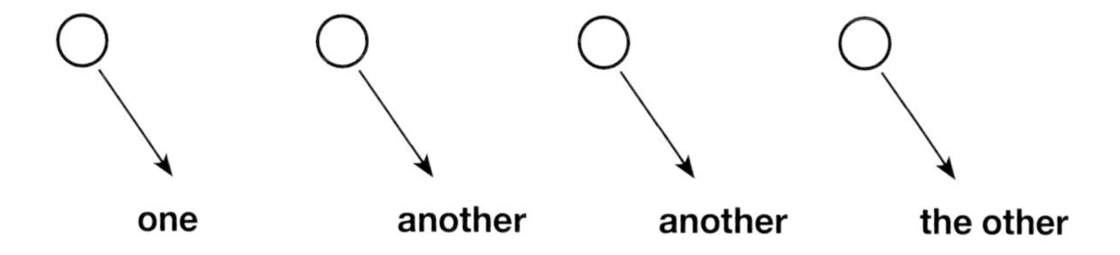

여러 개의 공이 있을 때, 처음 지칭하는 하나는 one, 그다음 지칭하는 하나하나의 것들은 another, 맨 마지막으로 지칭하는 것은 the other이다.

여러 개의 공이 있을 때, 처음 지칭하는 두 개 이상의 것들은 **some**, 두 번째로 지칭하는 두 개 이상의 것들은 **others**, 나머지 두 개 이상의 것들 전부는 **the others**가 된다.

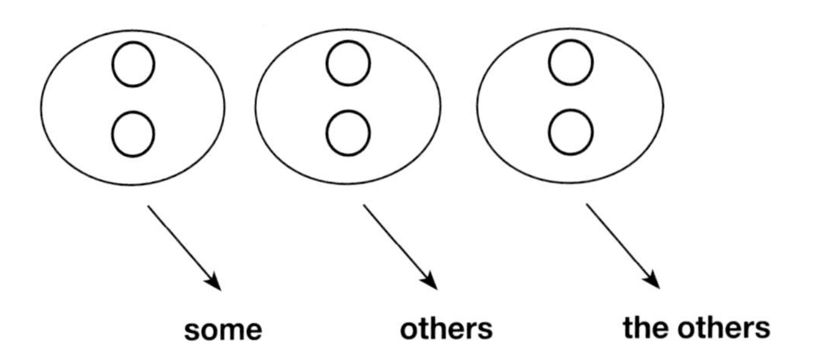

5. 재귀대명사(再歸代名詞, Intensive or Reflexive Pronouns)

강조(Intensive) 혹은 재귀(Reflexive)의 용법으로 사용되는 대명사들을 일컬으며 다음과 같은 종류들이 있다.

	단수	재귀대명사	복수	재귀대명사
1인칭	I	myself	we	ourselves
2인칭	you	yourself	you	yourselves
3인칭	he	himself	they	themselves
	she	herself		
	it	itself		

1) 강조의 용법

She **herself** / made cookies. 그녀는 **그녀 자신이** / 만들었다 쿠키를

They / went there for **themselves**. 그들은 / 갔다 그곳에 **그들 스스로**

일반적으로 강조의 용법으로 쓰이는 재귀대명사는 생략해도 해석상에 무리는 없다. 그 이유는 이러한 문장에서 쓰이는 재귀대명사는 문장의 필수 성분이 아니기 때문이다.

2) 재귀용법

He looks at **himself** in the mirror. 그는 / 바라본다 거울 속의 **그를**

I deceived **myself** at that time. 난 / 속였다 **나 자신을** 그 당시에

She killed **herself** last month. 그녀는 / 죽였다 **그녀 스스로를** 지난달(자살했다)

재귀의 용법으로 쓰이는 재귀대명사는 생략하였을 때에 그 문장이 어색하게 변해버린다. 대부분 이런 용법으로 쓰이는 재귀대명사는 목적어로 쓰이기 때문이다.

6. 상호대명사(相互代名詞, Reciprocal Pronouns)

'서로 서로'라는 의미를 가지는 어휘를 일컫는 말이다. 그 종류로는 each other, one another 등이 있다.

They / met / **each other** occasionally.
그들은 / 만났다 / **서로를** 가끔

Love **one another**.
서로 사랑하라

each other은 **둘**이 있을 때 '서로서로'의 의미. one another은 **셋 이상에서** '서로서로'의 의미이다.

또한 상호대명사는 소유격 표현이 가능하다.

They / took care of **each other's** children.
그들은 / 돌보았다 **서로의** 아이들을

People / should care about **one another's** feeling.
사람들은 / 생각해 주어야 한다 **서로의** 감정을

7. 의문대명사(疑問代名詞, Interrogative Pronouns)

의문대명사 what, who(whom, whose), which는 의문문을 이끄는 기능을 한다.

What is your hobby? 네 취미는 **무엇**이니?
Who do you like better? 넌 **누구를** 더 좋아하니?
Which is yours this or that? 이것과 저것 중에 네 것은 **무엇**이니?
Whose book is this? 이 책은 **누구의** 것이니?(whose는 여기서 형용사의 역할)
Who(m) do you like best? 너는 **누구를** 가장 좋아하니?

나머지 의문사 how, why, when은 대명사의 범주는 아니다.
왜냐하면 이것들은 방법이나, 이유, 때를 나타내는 부사의 개념이기 때문이다.

8. 관계대명사(關係代名詞, Relative Pronouns)

관계대명사란 두 문장 사이를 이어주는 역할을 하는 대명사를 말하며 그 종류로는 who, whose, whom, which, what, that 등이 있다. what은 '~것'의 의미의 명사절이다.

He / has a cup (**which** is made of clay).
그는 / 가지고 있다 컵을 (점토로 만들어진)

I / love Tom (**who** lives next door to me).
나는 / 사랑한다 Tom을 (옆집에 사는)

What I want to do / is going skiing.
내가 하고 싶은 것은 / 스키 타러 가는 것이다

관계대명사에 대해서는 후에 다시 자세하게 다루게 될 것이다.

대명사 종류	쓰임
인칭대명사	**He** is very happy. I know about **him**. This is **my** book.
지시대명사	**This** is yours. **That** is a cat.
부정대명사	**One** is white, and **the other** is blue.
재귀대명사	I looked at **myself** in the mirror. (재귀용법) He **himself** did it. (강조용법) We love **ourselves**. (재귀용법)
상호대명사	We loved **each other**. Share **one another's** things.
의문대명사	**What** is your hobby? **Who** is your father? **Which** one is yours?
관계대명사	I know the boy **who** broke the window. They found the dog **which** you were looking for.

CHAPTER

08 형용사와 부사

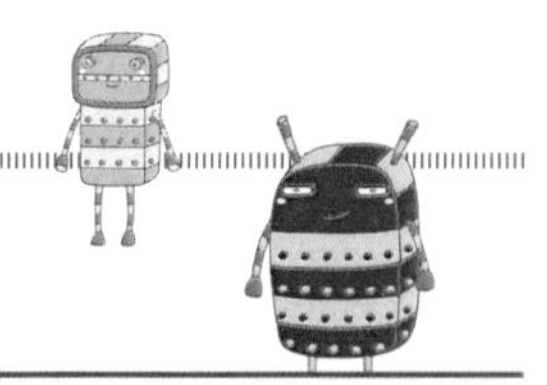

1. 형용사

앞서 말했듯이 **형용사**는 문장에서 보어의 기능을 담당할 수 있으며, 명사를 수식하는 기능도 한다.

I am **happy**. (보어로서의 역할)
I am a **happy** man. (명사를 수식하는 역할)

우리나라에서 형용사의 개념은 '상태나 성질 따위를 표현하는 말'이지만, 영어에서 형용사의 개념은 여기에 '명사를 수식하는 말'이라는 개념이 확장되어야 한다. 즉, 명사를 수식하는 모든 말들은 형용사로 볼 수 있다는 이야기가 된다.

He / has **a blue** hat.	그는 / 가지고 있다 **한 개의 파란** 모자를
He / has **two blue** shirts.	그는 / 가지고 있다 **두 개의 파란** 셔츠를
This / is **an old** car.	이것은 / **한 개의 오래된** 차이다

a(an)는 '한 개' 혹은 '어떤'이라는 의미를 가진다. 앞서 관사에서 설명했지만, 명사를 수식하므로 형용사로 볼 수도 있다.

1) 수량 형용사

a, an, one, two, three 등이 뒤에 나오는 명사를 수식할 때 형용사가 된다.

2) 부정 형용사(부정은 정해지지 않았다는 의미)

some, any, few, a few, little, a little, many, much
(1) some과 any는 모두 '조금, 약간, 어떤, 몇몇의'라는 뜻을 가진다

① **some:** (확신할 수 있는) 조금, 약간

There are / **some** flowers.
있다 / **약간의** 꽃들이

Do you want **some** coffee?
너는 **약간의** 커피를 원하니?

Some people / could understand his words.
몇몇의 사람들은 / 이해할 수 있었다 그의 말을

② **any:** (확신할 수 없는) 조금, 약간, 어떤

Do you have **any** question?
너는 **어떤** 질문을 가지고 있니?: 질문이 없을 수도 있다

I / don't have **any** real friend.
나는 / 가지고 있지 않다 **어떤** 진정한 친구를

(2) a few, few, many와 a little, little, much의 쓰임

명사는 낱개로 수량을 셀 수 있는 명사와 그렇지 않은 명사로 구분된다.

There are / **a few** people in the street.
있다 / **몇 명의** 사람들이 거리에

There were / **few** people at the party.

거의 사람들이 없었다 그 파티에

→ few가 들어가면 부정의 의미가 된다.

There were / **many** interesting things.

있었다 / 많은 흥미로운 것들이

셀 수 있는 명사를 수식하는 말 중 '약간 있는'의 뜻으로 **'a few'**, '거의 없는'의 뜻으로 **'few'**를 사용한다. 셀 수 있는 명사를 수식하는 '많은'의 뜻은 **'many'**를 사용한다.

He / has **a little** money.

그는 가지고 있다 약간의 돈을

It / has **little** gas.

그것은 거의 가스를 가지고 있지 않다

→ little이 들어가면 부정의 의미가 된다.

You / need **much** water / to wash it away.

너는 / 필요하다 많은 물이 / 그것을 씻어 내기 위해

셀 수 없는 명사를 수식하는 말 중 '약간 있는'의 뜻으로 **'a little'**, '거의 없는'의 뜻으로 **'little'**을 사용한다. 셀 수 없는 명사를 수식하는 '많은'의 뜻은 **'much'**를 사용한다.

위의 내용을 표로 나타내면 다음과 같다.

부정 형용사의 쓰임

단어 뜻	셀 수 있는 명사 (복수명사 수식)	셀 수 없는 명사 (단수명사 수식)
약간의, 조금	a few	a little
거의 없는	few	little
많은	many	much

① 수식을 뒤에서 받는 것들

-thing, -one, -body는 형용사가 뒤에서 수식을 해주어야 한다.

There / is something **sweet** in the box.

있다 / **달콤한** 무언가가 상자 안에

I / need somebody **beautiful**.

나는 / 필요하다 **아름다운** 누군가가

I / saw someone **ugly**.

나는 / 보았다 **못생긴** 누군가를

② 지시 형용사 this, that, these, those, such

단수	복수
this	these
that	those

This chair / is brown. **이 의자**는 / 갈색이다

These chairs / are brown. **이 의자들**은 / 갈색이다

That book / is mine. **저 책**은 / 내 것이다

Those books / are mine. **저 책들**은 / 내 것이다

This와 That은 대명사로 쓰이지만 명사의 앞에서 명사를 꾸며주는 형용사의 역할도 한다. 이때 주의해야 할 점은 **뒤에 수식을 받는 명사가 복수**가 되면, **지시 형용사도 복수의 형태**를 만들어 주어야 한다는 것이다.

Such a mistake / can bring trouble.
그러한 실수는 / 가져올 수 있다 문제를

Such mistakes / can bring trouble.
그러한 실수들은 / 가져올 수 있다 문제를

such 뒤에 a나 an이 들어올 때에 어순은 **'such a(an) 명사'**가 된다.

③ 형용사적 구(Phrase)와 절(Clause)

구(phrase)는 주어와 동사를 포함하지 않은 두 개 이상의 단어가 조합된 덩어리를 말한다.

형용사구란 명사를 꾸며주는 구(phrase)를 말하는 것이다.

Tom **(in that house)** / has many books.
Tom은 **(그 집의)** / 가지고 있다 많은 책들을
→ **그 집의** Tom은 많은 책들을 가지고 있다

Tom을 꾸며주는 전치사(in)구

Tom **(invited to the party)** / is my best friend.
Tom은 **(그 파티에 초대된)** / 내 가장 좋은 친구이다
→ **그 파티에** 초대된 Tom은 내 가장 좋은 친구이다

Tom을 꾸며주는 과거분사구

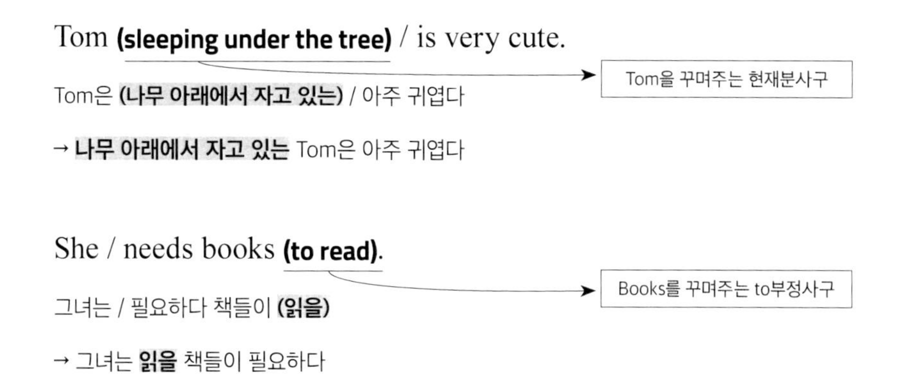

절(clause)은 주어와 동사를 포함한 두 개 이상의 단어가 조합된 덩어리를 말한다.

형용사절이란 명사를 꾸며주는 절(clause)을 말하는 것이다.

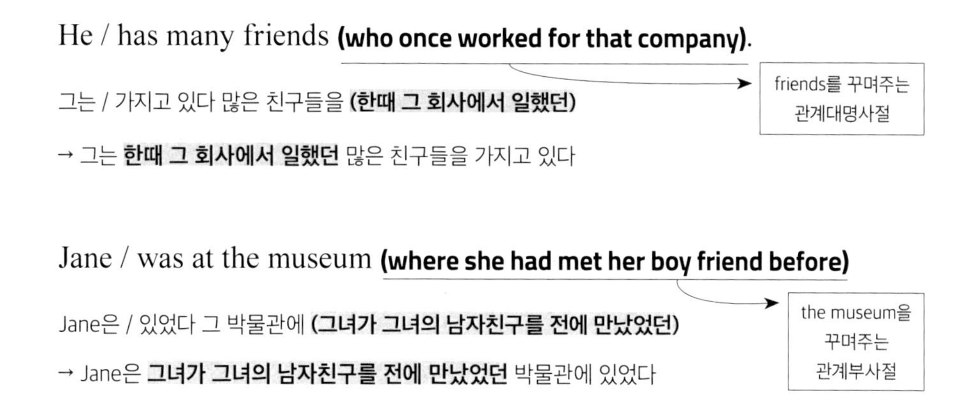

관계대명사와 관계부사의 기능은 뒤에서 자세히 다루도록 하겠다. 중요한 것은 명사를 수식하는 것들은 '형용'이라는 말이 들어간다는 것이다.

④ 보어로만 쓰이는 형용사(a-adjective, a형용사)

앞서 이야기했듯이 형용사는 크게 ① 명사를 수식하는 수식어의 기능과 ② 문장에서 보어의 역할을 하게 된다. 그렇지만 형용사 중에는 명사를 수식하지 않고 보어의 기능만, 즉 be동사와 함께 서술어의 기능을 하거나, 2형식으로 해석되는 일반동사의 보어 기능만을 하는 것들이 있다.

형용사들 중에서 특별한 경우를 제외하고는 보어로만(서술적 기능) 사용되는 것들이 있고, 그것들이 'a'로 시작하기 때문에 'a 형용사'라고 부른다.

a 형용사의 종류

ablaze(흥분한), afloat(떠 있는), afraid(두려워하는), aghast(깜짝 놀란), alert(경계하는), alive(살아있는), alone(혼자인), aloof(멀리 떨어져), ashamed(부끄러운), asleep(잠이든), averse(싫어하는), awake(깨어있는), aware(알고 있는)

I was ashamed. He remained aloof. I was asleep.
They were alive. I was averse to his opinion.

⑤ 형용사가 여러 개 나올 때의 순서

형용사의 배치 순서

한정사	관찰/화자의 느낌	물리적 설명				기원	물질	용도	명사
		크기	모양	나이	색상				
a	beautiful			old		korean	wooden		pillow
an	expensive				blue			sleeping	bag
four			short		black				pen
your	foolish	big		old		Japanese			friends
that	nice		long					touring	car
some	delicious						chocolate		cake
these		big		antique		Chinese			plates

※ 표 보는 법: 가로로 같은 줄에 있는 단어들 모두가 맨 뒤에 있는 명사 하나를 수식해 주며,
위의 내용은 그 수식하는 단어들의 배열 순서이다.

※ 한정사라는 것은 명사의 개수나 소유의 내용 따위를 한정하여 준다는 의미이다.

2. 부사

부사는 앞서 살펴보았듯이 문장의 성분으로서의 기능은 없고, 형용사가 꾸며주는 명사를 제외한 나머지 — 형용사, 부사, 동사, 문장 전체 등 — 를 수식하는 역할을 한다.

1) 빈도부사

부사 중에서 빈도(頻度)를 나타내는 말을 빈도부사라고 하는데 이는 얼마나 자주하느냐 하는 정도를 나타내는 말이다.

빈도부사의 종류

←——————————————————————→
100% 0%

always	usually	often	sometimes	rarely(seldom)	never
항상	대개, 보통	종종, 자주	가끔, 때때로	거의 안 함	아주 안 함

He / is **always** happy.
그는 / **항상** 행복하다

He / **often** goes to the park.
그는 / **종종** 공원에 간다

He / can **sometimes** see her.
그는 / **때때로** 그녀를 볼 수 있다

Tom / may **never** be happy.
Tom은 / **절대로** 행복하지 **않을**지도 모른다

빈도 부사의 위치는 be동사와 조동사 뒤, 일반동사 앞이다. 이러한 동사들이 항상 함께 나타나지 않으므로, 위치를 선정할 때 영향을 미치는 순서는 '조동사>be동사>일반동사'이다. **(★ 부사는 그 위치가 자유로운데 일반적으로 순서가 그렇다는 이야기이다)**

※ 조동사로 사용되는 **used to**는 그 앞에 빈도부사가 온다.

I / **always used to** go to the park.
나는 / **항상** 그 공원에 **가곤 했다**

2) 형용사를 부사로 만들기

일반적으로 형용사를 부사로 만들 때에는 형용사 뒤에 'ly'를 붙여주면 된다. 이때 '자음+y'로 끝나는 형용사는 y를 i로 바꾼 후 ly를 붙여주면 된다.

slow→slowly nice→nicely warm→warmly happy→happily

※ -ly의 형태를 갖지만 부사가 아닌 형용사의 품사를 갖는 단어
lovely, lonely, motherly, friendly, neighborly

3) 부사구

전치사구나 to부정사 등이 문장 내에서 부사의 역할 — 장소, 시간, 이유, 방법 —을 하면 부사구라고 한다.

He has an appointment at Han-guk hotel at 7 p.m.
(at Han-guk hotel: 장소, at 7 p.m.: 시간)

With those tools you can complete your task.
(With those tools: 방법)

To solve this problem, we should learn about math.
(To solve this problem: 목적, 이유)

4) 부사(구)의 위치와 순서

빈도 부사를 제외한 부사와 부사구의 위치는 비교적 자유로워서 어디에나 갈 수 있다. 그렇지만 부사나 부사구가 한 번에 여러 개 오는 경우에는 부사(구)의 순서가 정해질 수 있다.

Quitely he went to the building.
He quitely went to the building.
He went to the building quitely.

To meet his friends, he went to the store.

He went to the store to meet his friends.

부사의 일반적인 순서					
주어 동사	방식, 태도	장소	빈도수	때	목적
My mom speaks	patiently	in the living room	every morning	before breakfast	to make me understand
She walked	slowly	in the forest	every night	before dawn	to recall her memory
Ted teaches	enthusiastically	in his school	every class		to improve students' skill

※ 표 보는 법: 가로로 한 줄에 있는 단어들이 한 문장을 이룬다.

위의 내용 중, 두세 개의 부사가 합쳐져 하나의 구를 이루고, 문장의 맨 앞으로 나갈 수 있다. 이 경우에는 보통 쉼표로 구별을 해준다.

Every morning before breakfast, my mom / speaks patiently to make me understood

매일 아침 아침식사 전에, 내 엄마는 / 참을성 있게 말한다 나를 이해시키기 위해

부사는 위에서 보이는 것과 같이 방식, 장소, 빈도, 시간, 목적의 순서로 문장 속에서 나타난다.

5) 잘못된 부사의 위치

부사의 위치는 위에서 본 것과 같이 자유로워질 수 있지만, 문장이 다른 하나의 문장에 삽입되어 있는 형태에서는 그 문장을 벗어나면 안 된다.

He said (that his father had died of cancer last year) **in the cafe.**

그가 **카페에서** 아버지의 죽음에 대해 말한 것이므로, that절이 시작되기 전으로 in the cafe를 옮겨야 한다.

He said in the cafe that his father had died of cancer last year.

3. 비교급과 최상급

형용사나 부사에 있어서, 그 내용을 어떠한 주체들 간에 — 주어와 다른 개체들 간에 — 비교할 수 있다. 비교급을 이용하는 비교 문장은 비교급+than의 형태를 지니며 이때에는 '더 ~한(형용사)', '더 ~하게(부사)'의 의미를 가진다. 이때 than은 '~보다'의 의미를 지닌다.

최상급의 경우에는 일반적으로 단어 뒤에 -(e)st를 붙여서 사용하며 의미는 '가장 ~한'으로 해석한다.

1) 비교급을 사용한 비교

He is **smarter** than I. smart의 비교급 smarter
그는 나보다 영리하다

He is **the tallest boy** in our class. tall의 최상급 tallest
그는 가장 큰 소년이다 우리 반에서

They can run **faster** than we. can run을 수식하는 부사 fast의 비교급 faster
그들은 빨리 뛸 수 있다 우리보다

I am **the fastest boy** in this team. fast의 최상급 fastest
나는 가장 빠른 소년이다 이 팀에서

Helen was **bigger** than I. big의 비교급 bigger
Helen은 나보다 더 컸다

Terry is **the biggest boy** in our town. big의 최상급 biggest

Terry는 가장 큰 소년이다 우리 마을에서

Hong is **prettier** than Kim. pretty의 비교급 prettier

Hong은 더 예쁘다 Kim보다

Jane is **the prettiest girl** in the world. pretty의 최상급 prettiest

Jane은 가장 예쁜 소녀이다 세상에서

This class is **larger** than that one. large의 비교급 larger

이 반은 더 크다 저 반보다

This air plane is **the largest one** in this airline. large의 최상급 largest

이 비행기는 가장 큰 비행기이다 이 항공사에서

※ 형용사의 최상급 표현은 문장 속에서 'the+최상급+명사'로 나타낸다. 부사의 최상급은 최상급만을 사용한다.

I like pizza best. 나는 피자를 가장 좋아한다

위의 예에서 볼 수 있는 비교급을 만드는 방식은 다음과 같다.

(1) 일반적으로 형용사나 부사의 뒤에 -er을 붙여준다. (최상급은 -est)

	smart→smart<u>er</u>	bright→bright<u>er</u>	fast→fast<u>er</u>
최상급	smartest	brightest	fastest

(2) e로 끝나는 단어는 r만 붙여준다. (최상급은 -st)

	large→larger	huge→huger	nice→nicer
최상급	largest	hugest	nicest

(3) '자음+y'로 끝나는 단어는 y를 i로 고친 후 er을 붙여준다. (최상급은 y→i +est)

	pretty→prettier	crazy→crazier	lazy→lazier
최상급	prettiest	craziest	laziest

(4) '단모음+자음'으로 끝나는 단어는 자음을 한 번 더 써준 후 er을 붙여준다.
(최상급은 자음+est)

	big→bigger	hot→hotter	fit→fitter
최상급	biggest	hottest	fittest

또한 3음절 이상의 단어나, -ous, -ful, -ed, -ing, -able 등으로 끝나는 형용사는 각각 more를 사용하여 비교급을, most를 사용하여 최상급을 표현한다.

(1) 비교급

Mr. Kim is **more famous** than Ms. Shin.
Mr. Kim은 Ms. Shin보다 더 유명하다

His wife is **more beautiful** than Ms. Jeon.
그의 아내는 Ms. Jeon보다 더 아름답다

I am **more excited** than before.
나는 전보다 더 흥분했다

This is **more interesting** book.
이것은 더 흥미로운 책이다

I am **more intelligent** than she.
나는 그녀보다 더 지적이다

(2) 최상급

This is the **most expensive** car in the world.
이것은 세상에서 가장 비싼 자동차다

It's one of the **most valuable** tools in the country.
이것은 가장 가치 있는 도구들 중 하나이다 그 나라에서

The **most delicious** food to me is pizza.
나에게 가장 맛있는 음식은 피자이다

불규칙 변화하는 단어

원급	비교급	최상급
good(well)	better	best
bad	worse	worst
much(many)	more	most
little	less	least

taller than I / me?

비교급을 나타내는 데 있어서, than 뒤에 주격을 쓸 것인가, 목적격을 쓸 것인가 하는 문제는 아직도 의견이 분분하다. 현재 학계에서는 than 뒤에 주격을 써야 한다는 것이 정설이다. 'She is taller than I am.'에서 be동사인 am을 생략한 형태로 봐야 한다고 보기 때문이다.
그렇지만 than을 전치사로 보고 목적격을 써야 한다는 의견도 있어. 아직도 두 가지 표현을 쓰고 있으며, 일부 영어교과서에서는 목적격으로 표현하기도 한다.

2) 원급을 이용한 비교

원급을 이용한 비교는 as 형용사(+명사) as 혹은 as 부사 as의 형태로 표현하여, '~만큼 ~한'이라는 동등한 위치에 있음을 나타낸다.

He is **as cute as** Jung il woo.
그는 정일우만큼 귀엽다

She is **as a smart student as** you are.
그녀는 너만큼 영리한 학생이다

She can run **as fast as** I.
그녀는 나처럼 빨리 뛸 수 있다

They must finish **as quickly as** the other team.
그들은 다른 팀만큼 빨리 끝내야 한다

They can **not as[so] fast as** he.
그들은 그만큼 빨리 뛸 수 없다

또한, as ~ as를 사용하여 **차등비교**도 할 수 있는데, **배수 as ~ as**의 표현으로 사용한다. 배수 표현으로는 'half, twice, two times, three times' 등을 사용한다.

He is **twice as tall as** she.
그는 그녀보다 두 배만큼 크다

They have **half as much as** he has.
그들은 그가 가진 것의 반만큼 가지고 있다

3) 비교급을 사용하지 않는 비교

비교급을 사용하지 않고도 비교의 의미를 가진 문장을 만들 수 있는 어휘들이 있다.

She / **is superior to** me in making cake.
그녀는 / 나보다 낫다 케이크를 만드는 데 있어서

They / **are inferior to** him in sports.
그들은 그보다 못하다 스포츠에 있어서

superior, inferior 뒤에는 than을 쓰지 않는다.

4) 비교급을 이용한 최상급 표현

최상급을 이용하지 않고도 상호간의 비교에 의해서 — '하나를 다른 모든 것들과 비교하여 다른 모든 것이 어떠어떠하다'라고 나타낸다 — 최상급을 뜻을 만들어 낼 수 있다.

최상급 표현	
He is the tallest boy in our class.	그는 우리 반에서 가장 키 큰 소년이다.
비교급을 이용한 같은 의미의 표현	
He is taller than any other boy in our class.	그는 우리 반의 다른 어떤 소년보다 크다.
He is taller than all the other boys in our class.	그는 우리 반의 모든 소년들보다 크다.
No one in our class is taller than he.	우리 반의 누구도 그보다 크지 않다.
No one in our class is not as[so] tall as he.	우리 반의 누구도 그만큼 크지 않다.

지금까지 배운 바와 같이 형용사는 문장의 보어로 쓰이는 경우를 제외하고는 형용이라는 말이 명사를 수식하는 모든 구조의 특징을 말하는 것이며, 형용사가 수식하지 않는 나머지는 부사계열이 그 역할을 담당하고 있다. 문장을 이러한 감초 역할을 하는 형용사계열과 부사계열에 의해서 길어지고, 그 문장의 의미가 더 자세해진다고 이해하면 된다. 앞으로 배울 동사 파트와 동사의 활용을 배우고 나면 그 의미는 더 확실해질 것이다.

CHAPTER

09 동사 동사와 문장 변화의 기본 개념

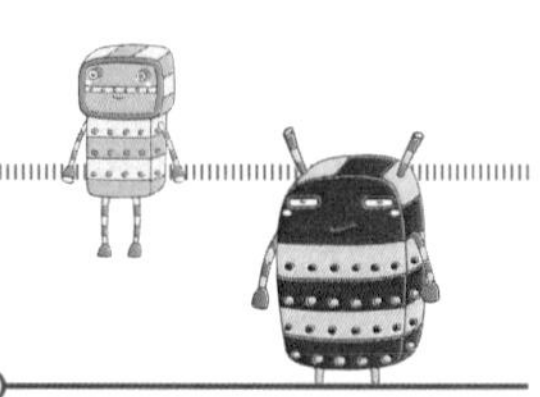

앞서 이야기했듯이 동사는 문장에서 서술어의 역할을 담당한다. 그리고 그 동사의 종류는 크게 세 가지로 볼 수 있다. 앞으로 세 가지 동사 — be동사, 일반동사, 그리고 조동사 — 에 대하여 자세히 알아보고 그 쓰임을 익히도록 할 것이다.

한눈으로 보는 동사의 종류와 쓰임

동사

문장에서 서술어의 역할을 담당:
~하다, ~했다

be 동사: am, are, is, was, were
(~이다, ~되다, ~에 있다)

He is a doctor.
I am a doctor.
You are a doctor.
They are doctors.

일반동사: be 동사와 조동사를 제외한 모든 동사(drink, see, run, write, play, sing, buy, sell, say, tell, want 등)

He plays soccer.
I sing well.
You run very fast.

조동사: be동사와 일반동사를 도와 그 의미를 확장시키는 역할
will, can, shall, may, must, could, would, should, used to, might, ought to, had better, would rather

조동사 뒤에는
항상 기본형이 온다.

He will be a doctor.
I can be a doctor.
You must be a doctor.
They used to be doctors.

He can play soccer.
I could sing well.
You must run very fast.

1. 문장의 종류

문장의 종류라는 것은 그리 거창한 것이 아니다. 우리가 일상생활을 하면서 대화하고, 말하는 모든 내용이 문장의 종류이다.

나 밥 먹었어. 〈평서문〉 긍정의 의미를 나타내는 문장

너 밥 먹을래? 〈의문문〉 의문형

나 밥 먹지 않을래. 〈부정문〉 주어진 동사의 반대 뜻을 표현

우리 밥 먹자. / 밥 먹어라. 〈청유문/명령문〉 함께 무언가를 하자고 청하거나 시키는 표현

참 맛있구나! 〈감탄문〉 느낌이나 감정을 표현하는 표현

위의 문장이 바로 문장의 종류를 모두 나열한 것이며 앞으로 우리가 배울 동사들은 각각 그 동사의 성격에 따라 문장을 활용하는 법을 배우게 될 것이다. 또한 모든 문장의 기본은 긍정문에서 출발함을 잊지 말아야 한다.

위에서 보는 우리말과 같이 영어에서도 다섯 가지 문장의 구조가 존재한다.

앞서 표에서 본 것같이 동사에는 크게 세 가지 종류가 있고, 각각의 동사의 특성에 따라 위의 다섯 가지 표현을 만드는 방법이 다르다.

	be동사	일반동사	조동사
평서문	He is happy.	Tom plays soccer well.	I can treat that.
부정문	He is not happy.	Tom doesn't play soccer well.	I can't treat that.
의문문	Is he happy?	Does Tom play soccer well?	Can I treat that?
명령문	Be happy	Play soccer.	조동사는 명령문이 없다.

감탄문

감탄문은 be동사나 일반동사, 조동사와 상관없이 **형용사와 부사**를 사용하는 표현으로 이해하면 된다.

How happy! What a good plyer!

감탄문을 만드는 방법은 크게 두 가지가 있다. 명사의 내용이 들어오면 what을, 명사 내용이 들어오지 않으면 how를 쓴다.

1) How 형용사/부사 (주어 동사)

How fast he is! How fast he can run!

2) What 형용사 명사 (주어 동사)

What a good boy you are! What beautiful flowers they are!

2. 동사의 시제와 태

1) 동사의 시제(Tense)

동사의 시제라는 것은 그리 거창한 것이 아니다. 우리가 어릴 때 말을 배웠던 것을 기억해 보아라. '나는 어제 밥을 먹었다'라는 것이 시제에 어울리는 표현임에도 불구하고, 어린이들은 종종 '나는 내일 밥 먹었어'라는 어색한 표현을 만들어 낸다.

시제라는 것은 바로 이런 시간에 흐름에 어울리게 쓰는 표현법을 일컫는 것이다. 각각의 동사 중에 일반동사가 가장 많은 비중을 차지하므로 일반동사의 시제가 세분화되어 있으며 앞으로 동사 파트에서 가장 많은 비중을 차지하는 부분이 바로 이러한 시제에 따른 동사의 활용 방법이 될 것이다.

동사는 모두 원형 혹은 기본형이라는 것을 가지고 있다. '먹다, 마시다, 놀다' 같은 것들이 기본형이 될 수 있다. '먹다'라는 기본형 동사를 시제에 맞게 변형시켜 보면

먹었었다-먹었다-먹고 있는 중이었다-먹는다-먹고 있는 중이다-먹어오고 있다-먹을 것이다.

와 같이 된다. 이처럼 영어에서도 시제에 변화에 따라 활용하는 방법이 정해져 있다.

기본형	과거완료	과거	과거진행	현재완료	현재	현재진행	미래
V	had+**V**ed	**V**ed	be동사 +**V**ing	have+**V**ed	**V**	be동사 +**V**ing	will **V**
play	had played	played	was laying	have played	play	am playing	will play
놀다	놀았었다	놀았다	놀고 있었다	놀아오고 있다	논다	노는 중이다	놀 것이다

V: 동사원형, 표의 주어는 I로 본다.

위의 활용 방법을 앞으로 동사 파트에서 자세히 배우고 익히게 될 것이다.

2) 문장의 두 가지 형태: 수동태와 능동태(the active voice and the passive voice)

간단히 말한다면 같은 뜻을 가진 두 가지 형태의 문장이 완성될 수 있다. 이것은 문장의 종류와는 다른, 형태상의 문제이다. 또한 능동의 문장을 수동으로 바꿀 때엔 능동의 문장에 목적어가 존재해야만 한다. 위에서 배운 시제는 능동과 수동의 모양으로 두 가지가 존재한다고 보면 된다(앞의 표는 능동).

He loved his son very much. (능동과거시제)

목적어

→ **His son** was loved very much by him. (수동과거시제)

이것은 **능동태 문장에서 강조하고자 하는 목적어**를 **주어로** 나타내기 위한 방법으로 알아 두면 되겠다.

	기본형	과거완료	과거	과거진행	현재완료	현재	현재진행	미래
능동	V	had+Ved	Ved	be동사 +Ving	have+Ved	V	be동사 +Ving	will+V
능동	love	had loved	loved	was loving	have loved	love	am loving	will love
능동	사랑하다	사랑했었다	사랑했다	사랑하고 있었다	사랑해오고 있다	사랑한다	사랑하는 중이다	사랑할 것이다
수동	be동사 +p.p. (과거분사)	had +been +p.p.	be동사 과거 +p.p.	be동사 과거 +being p.p.	have +been +p.p.	be동사 현재 +p.p.	be동사 현재 +being +p.p.	will +be +p.p.
수동	be loved	had been loved	was loved	was being loved	has been loved	is loved	is being loved	will be loved
수동	사랑받다	사랑 받았었다	사랑받았다	사랑받고 있었다	사랑받아 오고 있다	사랑 받는다	사랑받고 있는 중이다	사랑받을 것이다

※ 능동은 'I love him'이라는 문장에서 시제 변화하였음.
수동은 'He is loved'에서 시제 변화하였음.

앞의 표는 동사의 시제와 태를 한눈에 볼 수 있는 표이다. 지금 이해가 되질 않는 사람은 동사 파트를 전부 다 공부한 후에 다시 한 번 펼쳐 보기를 바란다.

자, 그럼 이제 be동사부터 차근차근 그 쓰임과 변화를 알아보도록 하자.

CHAPTER

10 be동사

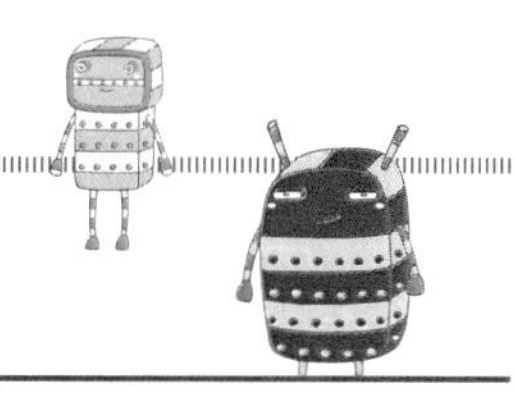

be동사라는 것은 현재시제의 am, are, is, 과거시제의 was, were를 이르는 말이다. 그런데 왜 be동사라고 불리는 것일까? 형태상으로는 전혀 상관없어 보이는 be가 am, are, is를 대표하니 의문이 든다. 다섯 가지의 형태들이 be동사라고 불리는 이유는 'be'를 기본형으로 가지기 때문이다. 즉, be동사 무리는 be를 원형으로 갖는 동사들이다.

과거	기본형(원형)	현재
was, were	be	am, are, is

1. be동사의 뜻

He is a doctor.	그는 의사이다	(~이다)
They are happy now.	그들은 지금 행복하다	(~하다)
I am here.	난 여기에 있다	(있다)
I will be a dancer.	나는 댄서가 될 것이다	(되다)

위에서 보는 바와 같이 be동사는 주로 위의 네 가지 뜻을 갖는다. 무엇을 적용해야 할지는 문장에서 해석을 통해 자연스럽게 고르면 된다.

2. be동사와 수의 일치

위의 문장을 보면 주어에 따라 be동사의 형태가 각기 다른 것을 알 수 있다. 우리나라 말에서는 '수미는 키가 크다'와 '나는 키가 크다'라는 두 문장 사이에 서술어 차이가 없다. 그렇지만 영어에서는 **주어에 따라서 동사의 모양을 맞춰줘야 한다.**

I am a student. **You** are a student. **He** is a student.
= **I'm** a student. = **You're** a student. = **He's** a student. <축약형>
They are students. **We** are students. **It** is a cup.
= **They're** students. = **We're** students. = **It's** a cup. <축약형>

be동사 과거형의 경우 긍정문의 축약은 없다.

He was a teacher. **They** were sick. **I** was a baby.

1인칭의 경우 단수는 I 하나뿐이므로 I am으로 외워 두면 된다. 1인칭 복수와 2인칭 단·복수, 3인칭 복수는 모두 are를 사용한다. 3인칭 단수는 is를 사용한다.

여기에서 다시 인칭을 이야기하자면, 1인칭 단수는 '나'를 말하며 1인칭 복수는 '우리'가 되는 것이다. 2인칭은 내 앞에 있는 사람(들)을 이야기하는 것이다.

3인칭은 간단히 말해서 1, 2인칭에 포함되지 않는 모든 것들이다. 즉, 내 눈앞에 없는 사람, 그리고 모든 사물, 개념 등이 3인칭에 해당된다.

현재	과거	쓰임	주어
am	was	I am a boy. I was there. I was happy with you.	I(1인칭 단수)
are	were	You are so cute. Computers are useful. They were sad. Soldiers were dead.	you(2인칭 단수)와 모든 복수
is	was	She is a girl. It was rainy. Tom was a carpenter	3인칭 단수

is와 am이 과거에서는 모두 was가 되는 것에 주의한다.

	단수	복수
1인칭 (나, 나를 포함한 사람들)	I (주어로 쓰일 때 항상 대문자)	we
2인칭 (너, 너희들)	you	you
3인칭 (1, 2인칭 제외한 나머지 전부)	he, she, it, a building, Tom, love, dream 등	cars, bags, mice(쥐들), cups, people, books 등

주어 I, we, you를 제외한 나머지는 모두 3인칭 — 모든 명사는 3인칭이다 — 이므로, 단·복수를 잘 따져 보고 쓰면 별 무리는 없을 것이다.

다시 한 번 강조하지만, 우리나라에서는 주어에 따라 동사의 수를 일치시키는 경우가 없어도, 영어에서는 아주 중요한 부분이다. 동사 파트를 시작하면서 당부하고 싶은 말은 동사의 모든 변화는 손으로 써서 익혀야 한다는 것이다. 눈으로만 보고 읽어서는 절대로 여기 있는 내용들이 여러분의 것이 되지 않는다. 앞의 내용에 있던 명사, 형용사 등의 파트들은 낱개의 단어를 외우는 것이 중요했다면, 동사 파트는 문장의 주축 역할을 하므로 그 변화와 쓰임을 열심히 연습해서 익혀두어야 한다.

3. be동사 의문문

He (is) a programer. → (Is) he a programer?

be동사 의문문을 만드는 방법은 간단하다.

문장의 be동사를 맨 앞으로 위치시키고 물음표만 붙여주면 된다. 이때 문장 앞으로 나온 be동사의 첫 글자는 대문자로 쓰는 것에 유의하자.

You are cute → Are you cute?

I am tall → Am I tall? ('나'를 의미하는 I는 항상 대문자)

She was beautiful. → Was she beautiful?

They were friends. → Were they friends?

4. be동사 부정문

단순한 동사의 형태만큼, be동사의 부정문 만드는 법은 간단하다. be동사 뒤에 **not** 만 붙여주면 부정문이 완성된다.

He is a sales man. → He is **not** a sales man.

또한 다음과 같이 축약형이 가능하다.

She **is not** a student. = She**'s not** a student. = She **isn't** a student.

그녀는 학생이 아니다

I **am not** a mailman. = **I'm not** a mailman.

나는 우체부가 아니다

You **are not** my friend. = You**'re not** my friend. = You **aren't** my friend.

너는 내 친구가 아니다

They **are not** musicians. = They**'re not** musicians. = They **aren't** musicians.

그들은 음악가가 아니다

I **was not** a silly boy. = I **wasn't** a silly boy.

나는 어리석은 소년이 아니었다

She **was not** happy then. = She **wasn't** happy then.

그녀는 행복하지 않았다 그 당시에

They **were not** busy. = They **weren't** busy.

그들은 바쁘지 않았다

be동사는 보통 형용사나 명사를 보어로 취하는 2형식의 문장 형태를 갖지만, '있다'라고 해석될 때는 1형식의 문장이 된다.

1형식 쓰임	2형식 쓰임
I am here(나 여기 있어). I was there(난 거기 있었어). It is here(그것은 여기 있어).	I am lonely(나 외로워). She is a nurse(그녀는 간호사다). This is a cat(이것은 고양이다).

CHAPTER

11 일반동사(현재시제)

일반동사는 앞서 배운 be동사와 앞으로 배우게 될 조동사를 제외한 모든 동사를 말한다. 따라서 일반동사는 나올 때마다 외워주어야 한다.

1. 일반동사의 현재형

앞서 배웠듯이 영어에서는 우리나라 말에 없는 **'수의 일치'**라는 것이 있다. 일반동사의 현재형에 있어서 신경을 써 줘야 할 부분은 한 가지이다. **주어가 3인칭 단수일 때**만 신경을 써주면 된다. **나머지 주어**에는 모두 **일반동사의 기본형**을 사용한다.

He comes early.
She washes hands.
Tom studies hard.
Jack does his homework.
Peter has many books.

위에서 보는 바와 같이 주어가 3인칭 단수가 되면 **-s 혹은 -es**를 붙여주고 표현해야 한다.

그렇다면 **주어가 3인칭 단수**인 현재형 일반동사를 어떻게 변형시켜야 하는지 지금부터 살펴보자.

1) 대부분의 일반동사(이 목록 이후에 나오는 동사에 속하지 않는 동사)

- 동사의 기본형+s

run → runs come → comes drink → drinks 등

2) 발음이 [ʃ], [ʧ], [s]로 끝나는 일반동사들(단어상으로는 –s, –ch, –sh)

- 동사의 기본형+es

teach → teaches wash → washes catch → catches pass → passes 등

3) '자음+y'로 끝나는 동사들

- y → i+es

cry → cries study → studies carry → carries 등

※ play → plays, stay → stays, say → says (자음+y가 아니므로)

4) go → goes, do → does, have → has

동사 (기본형)	현재시제 3인칭 단수주어에서의 변화	현재시제 다른 주어에서의 쓰임
sing	Tom sings well.	They sing well. You sing, first.
toss	He tosses the ball to me.	We toss the bag. I toss the pen.
try	She tries to get it.	Children try to get it.
have	Sujin has a car.	I have a car. You have a desk.
do	Jane does her best.	I do my best. I do the dishes.

※ do one's best: 최선을 다하다. do the dishes: 설거지하다

현재시제에서 주어가 3인칭 단수일 때는 동사에 -s, -es를 붙여서 수를 일치시킨다.
워크북 『영작의 기술』에 나와 있는 문장들을 연습하여, 수의 일치를 습관화하도록 하자.

2. 현재시제 일반동사의 의문문

He loves you. → **Does** he love you?
We play soccer. → **Do** we play soccer?

be동사 의문문은 문장 속의 be동사의 변형 없이, 그것의 이동만으로 표현하지만, 일반동사에서는 주어가 3인칭 단수일 때, 즉 **일반동사에 -s, -es**가 있을 때 그것을 포함하는 **does**가 문장 앞으로 나가고, 뒤에는 동사원형을 두게 된다. 나머지 경우는 **do**만 앞으로 빼주면 된다.

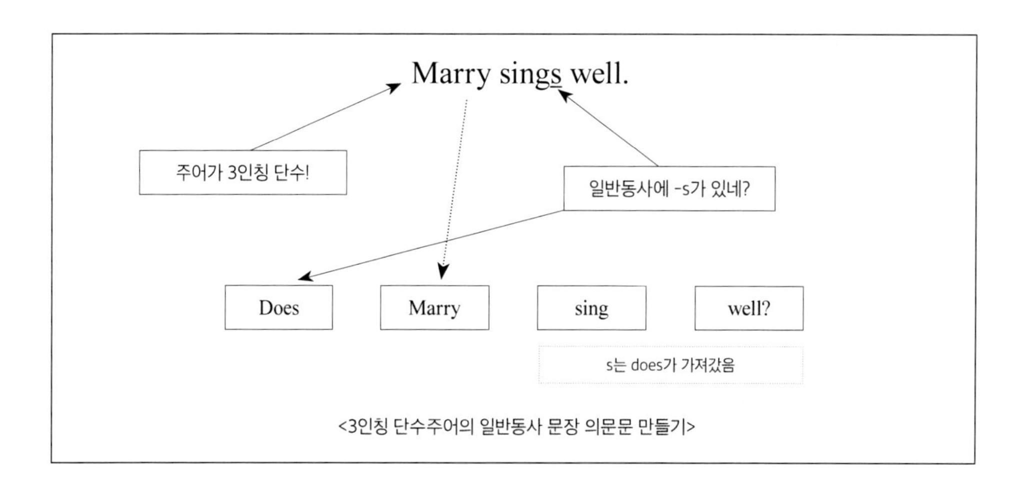

<3인칭 단수주어의 일반동사 문장 의문문 만들기>

You have a cat. → Do you have a cat?
(앞에 do만 붙여주고 물음표만 해주면 된다)

He has a cat → Does he have a cat?
(동사에 -s가 붙어 있으므로 does로 빼주고 뒤에 원형을 써준다)

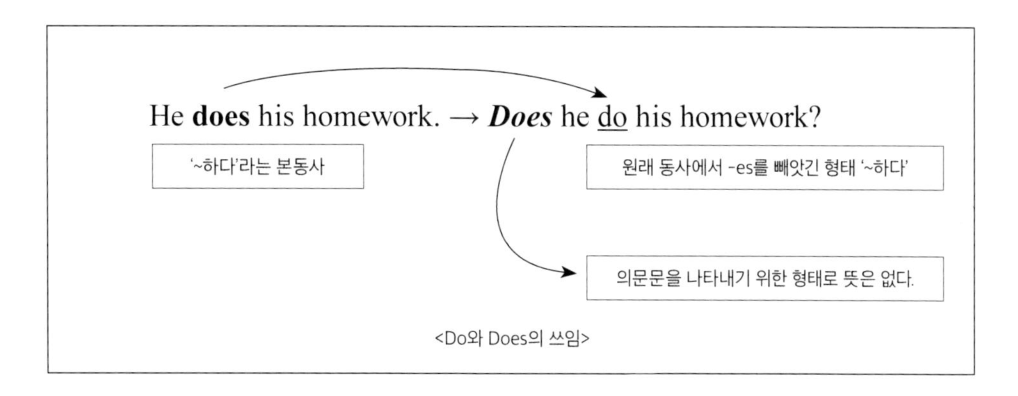

<Do와 Does의 쓰임>

다시 한 번 강조하지만, 영어에서는 수의 일치를 상당히 중요시한다. 앞으로 나올 동사의 표현들에서도 이 점을 꼭 명심하자.

3. 현재시제 일반동사의 부정문

be동사의 부정문에서는 be동사 뒤에 not만 붙여주면 되지만, 일반동사의 부정문에서는 do, does를 첨가한 후 not을 붙여주어야 한다.

1) 주어가 3인칭 단수일 때

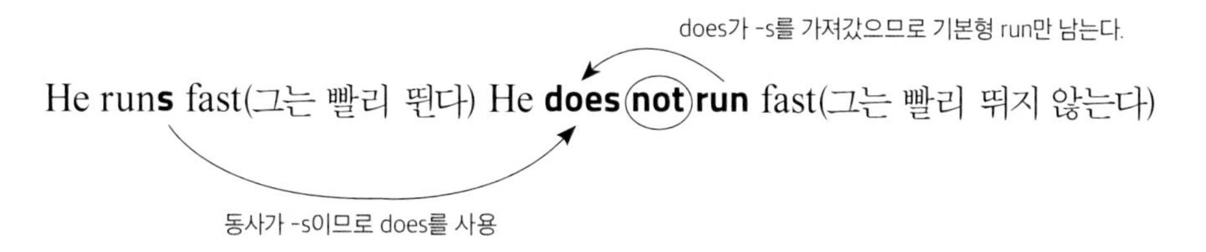

2) 주어가 1, 2인칭이거나 3인칭 복수일 때

I talk to him(난 그에게 말을 한다).
I do not talk to him(난 그에게 말을 하지 않는다).

You like me(넌 나를 좋아한다).
You do not like me(넌 나를 좋아하지 않는다).

They play games(그들은 게임을 한다).
They do not play games(그들은 게임을 하지 않는다).

모두 동사를 기본형으로 그대로 사용하므로, do를 써준 후 not을 사용한다.

3) 축약형

I **do not** love him. = I **don't** love him.
(do not = don't)

She **does not** eat candies. = She **doesn't** eat candies.
(does not = doesn't)

동사의 시제와 수의 일치 등과 관련된 부분들은 암기해서 될 문제가 아니다. 워크북에 있는 과제들을 충실히 연습하여 자신의 것으로 소화해야 한다. 쓰고 익히지 않으면, 자기 것이 되지 않음을 항상 명심하라.

CHAPTER

12 일반동사(과거시제)

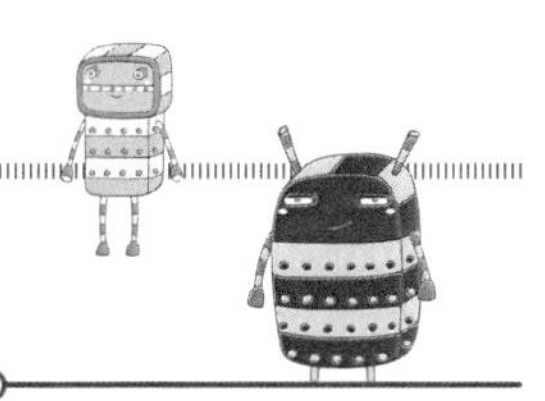

이제부터 현재형이 아닌 다른 시제들을 살펴볼 것인데, 시제라는 개념을 다시 한 번 이해할 필요가 있다. 시제라는 것은 동사의 기본형으로부터 출발하여 동사의 내용이 언제 행해지고 있는지를 나타내는 표현이라는 것을 다시 한 번 명심하길 바란다.

He play<u>ed</u> baseball with his friends yesterday.
그는 그의 친구들과 어제 야구를 <u>했다</u>

I liv<u>ed</u> in Suwon.
나는 수원에 <u>살았다</u>

She cri<u>ed</u> because her father had an accident.
그녀는 아버지께 사고가 났기 때문에 <u>울었다</u>

They stop<u>ped</u> eating.
그들은 먹는 것을 <u>멈추었다</u>

위에서 보는 바와 같이 과거시제는 '~했다'의 의미가 된다.

동사의 기본형을 과거형으로 바꾸는 규칙은 다음과 같다.

종류	대부분의 동사	-e로 끝나는 동사	자음+y로 끝나는 동사	단모음+단자음으로 끝나는 동사
활용방법	기본형+ed	기본형+d	y→i+ed	기본형+자음+ed
쓰임	watch→watch**ed** wash→wash**ed** learn→learn**ed**	like→like**d** love→love**d** hate→hate**d**	cry→cr**ied** try→tr**ied** study→stud**ied**	stop→sto**pped** step→ste**pped** trap→tra**pped**

동사의 과거형에는 위의 쓰임 말고도 불규칙 변화하는 동사들이 아주 많다. 불규칙 동사는 **반드시** 외워두어야 시제 변화를 원활하게 할 수 있다. 다시 한 번 강조하지만, **반드시** 외워 두어야 한다.

아래는 불규칙 동사를 정리한 표이다. 여기에서는 많이 쓰는 단어만 우선 소개하기로 한다. 불규칙 동사표는 모든 영어사전 끝부분에 부록으로 들어 있으므로 참고한다.

불규칙 동사표

기본형	과거형	과거분사	뜻(기본형)
burst	burst	burst	터뜨리다
cast	cast	cast	던지다
cut	cut	cut	자르다
hit	hit	hit	치다
let	let	let	~하게 하다
put	put	put	놓다
read[rid]	read[red]	read[red]	읽다
set	set	set	정하다
shut	shut	shut	닫다
spread	spread	spread	퍼지다
thrust	thrust	thrust	밀치다
come	came	come	오다
become	became	become	~이 되다
run	ran	run	달리다
bring	brought	brought	빌리다
buy	bought	bought	사다
fight	fought	fought	싸우다
think	thought	thought	생각하다
seek	sought	sought	찾다
catch	caught	caught	잡다
teach	taught	taught	가르치다
sell	sold	sold	팔다
tell	told	told	말하다
bleed	bled	bled	피를 흘리다
feed	fed	fed	먹이다
speed	sped	sped	속도를 내다
lead	led	led	이끌다
meet	met	met	만나다
keep	kept	kept	지키다
sleep	slept	slept	자다
weep	wept	wept	울다
feel	felt	felt	느끼다

build	built	built	만들다
lay	laid	laid	놓다, 두다, 낳다
pay	paid	paid	지불하다
say	said	said	말하다
send	sent	sent	보내다
spend	spent	spent	쓰다
lend	lent	lent	빌려주다
bend	bent	bent	구부리다
find	found	found	찾다, 알다
stand	stood	stood	서다, 참다
bind	bound	bound	묶다
hear	heard	heard	듣다
hold	held	held	잡다, 개최하다
mean	meant	meant	의미하다
leave	left	left	떠나다
lose	lost	lost	잃다
sit	sat	sat	앉다
win	won	won	이기다
shine	shone	shone	빛나다
cling	clung	clung	들러붙다
dig	dug	dug	파다
swing	swung	swung	흔들리다
make	made	made	만들다
spin	spun	spun	짜다
get	got	got	얻다, 갖다
have	had	had	갖다
begin	began	begun	시작하다
drink	drank	drunk	마시다
swim	swam	swum	헤엄치다
sing	sang	sung	노래하다
ring	rang	rung	종을 울리다
bear	bore	borne, born	참다, 낳다
swear	swore	sworn	맹세하다
tear	tore	torn	찢다

drive	drove	driven	운전하다
ride	rode	ridden	타다
rise	rose	risen	오르다
write	wrote	written	쓰다
bite	bit	bitten	물다
hide	hid	hid, hidden	숨다, 숨기다
take	took	taken	갖다
shake	shook	shaken	흔들다
break	broke	broken	깨다
speak	spoke	spoken	말하다
steal	stole	stolen	훔치다
choose	chose	chosen	선택하다
freeze	froze	frozen	얼리다
grow	grew	grown	자라다
blow	blew	blown	불다, 폭파하다
know	knew	known	알다
fly	flew	flown	날다
draw	drew	drawn	그리다
show	showed	shown	보다, 보여주다
fall	fell	fallen	떨어지다
eat	ate	eaten	먹다
forget	forgot	forgotten	잊다
give	gave	given	주다
go	went	gone	가나
do	did	done	하다

불규칙 변화하는 동사 중 혼동하기 쉬운 것들

기본형	과거형	과거분사	뜻(기본형)
lie	lay	lain	눕다, 놓여 있다
lie	lied	lied	거짓말하다
lay	laid	laid	낳다, 눕히다, 놓다
sit	sat	sat	앉다
seat	seated	seated	앉히다
find	found	found	찾다
found	founded	founded	설립하다
wind	winded	winded	바람 불다
wind	wound	wound	감다
wound	wounded	wounded	상처 입다
bind	bound	bound	묶다
bound	bounded	bounded	튀어 오르다
rise	rose	risen	오르다
raise	raised	raised	올리다
arise	arose	arisen	발생하다

세 번째 칸에 있는 과거분사(past participles)는 앞으로 배우게 될 현재완료시제와, 수동태 표현에 꼭 필요한 것이므로 함께 외워 두도록 한다. 분사에 대해서는 차후에 자세히 배우게 될 것이다. 규칙 동사의 과거분사는 과거 동사와 형태가 같다.

현재시제와 과거시제의 특별한 용법	
불변의 진리, 일반적 습관 등(현재시제)	역사적 사실(과거시제 사용)
The earth rounds around the sun. (지구는 태양주위를 돈다) My father goes to work at 7. (우리 아버지는 7시에 출근하신다)	World war II broke out in 1939. (2차 세계대전은 1939년에 일어났다)

1. 일반동사 과거시제의 부정문과 의문문

1) 의문문

He **gave** me a pen. → **Did** he **give** me a pen?

They **watched** a movie. → **Did** they **watch** a movie?

I **went** shopping with my mom. → **Did** I **go** shopping with my mom?

You **met** my father. → **Did** you **meet** my father?

일반동사 과거시제의 의문문에서는 주어가 무엇이 오든, 의문문 만드는 방법은 한 가지이다.

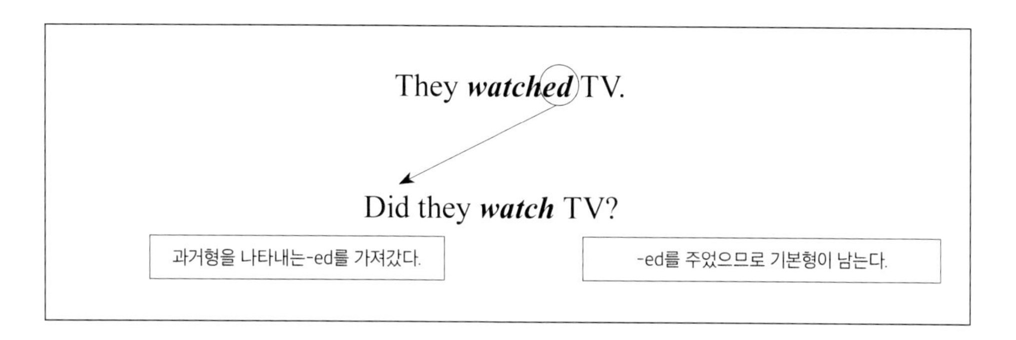

2) 부정문

She **pushed** the button.

→ She **did not push** the button. = She **didn't push** the button.

They **had** a good time.

→ They **did not have** a good time. = They **didn't have** a good time.

부정문도 의문문과 마찬가지로 주어가 무엇이 오든지 did를 써준 후 not을 붙여주고, 뒤에 동사의 기본형을 써주면 된다.

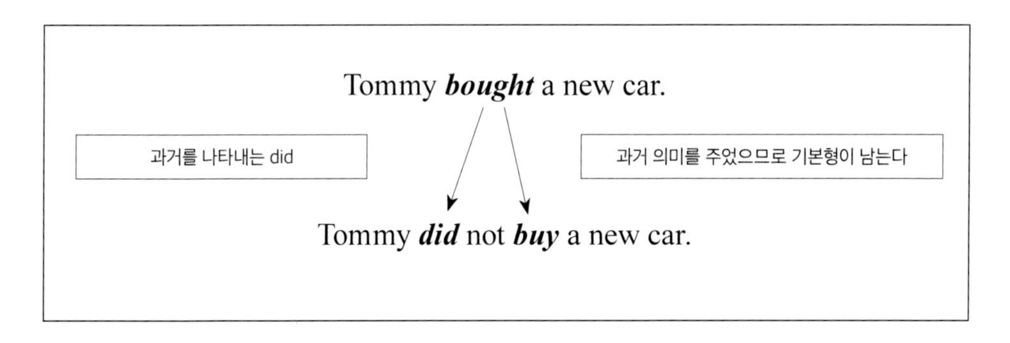

시제의 변화와 의문문, 부정문 만드는 방법을 충분히 연습하여야 한다.

CHAPTER

13 일반동사(진행시제)

일반적으로 진행시제라 함은 현재나 과거의 어떤 시점에 진행되고 있는 중인 것을 표현할 때 사용한다.

I **am watching** TV. 나는 TV를 보고 있는 중이다

I **was playing** games. 나는 게임을 하고 있었다

They **are coming** to the party. 그들은 파티에 오고 있다

She **is listening** to the radio. 그녀는 라디오를 듣고 있다

Tom **was cleaning** the window. Tom은 창문을 청소하고 있었다

위의 문장들에서 볼 수 있듯 **진행형**은 **'be동사+동사기본형+ing'**의 형태로 이루어진다. 여기에서 **'동사+ing'** 형태를 **현재분사**(present participles)라고 부른다. 분사 혼자만으로는 충분하지 않아, 무언가의 부속으로 작용한다는 의미로 받아들이면 되겠다. 즉, 현재분사는 혼자 동사가 될 수 없어 be동사의 도움을 받는 것이다.

1. 동사를 현재분사(Ving)로 만들기

종류	대부분의 동사	-e로 끝나는 동사	'단모음+단자음'으로 끝나는 동사
활용방법	동사기본형+ing	e를 뺀 후+ing	동사기본형+자음+ing
쓰임	play → play**ing** cry → cry**ing** read → read**ing** sing → sing**ing**	love → lov**ing** take → tak**ing** like → lik**ing** come → com**ing**	run → run**ing** put → put**ting** stop → stop**ping** hit → hit**ting**

많은 문장을 직접 써보며 익히는 것이 가장 효과적이고 확실한 방법이다.

2. 현재진행형시제 만들기

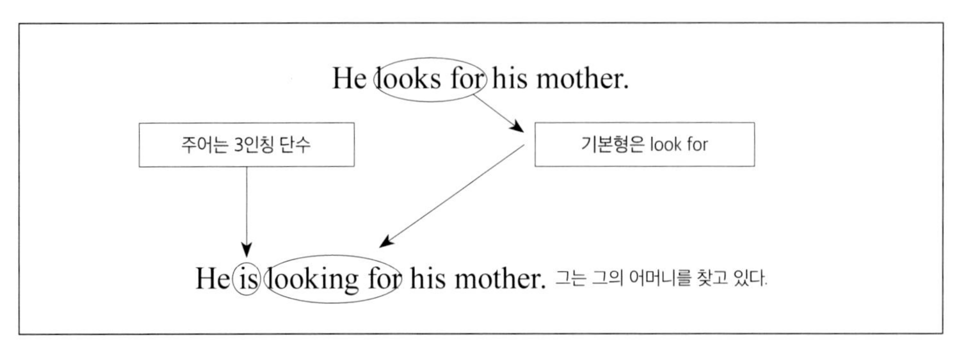

	주어	동사	목적어
현재시제	He	looks for	his mother.
현재진행시제		is looking for	

앞서 이야기했듯이 **주어에 대한** 현재시제 **be동사를 결정**한 후 '**기본형+ing**' 형태로 바꾸어 주면 된다. 동사의 시제는 동사 자리 안에서만 변화한다는 것을 잊지 않아야 한다.

They **see** you.
→ They **are seeing** you.

I **go** to school.
→ I **am going** to school.

3. 과거진행시제 만들기

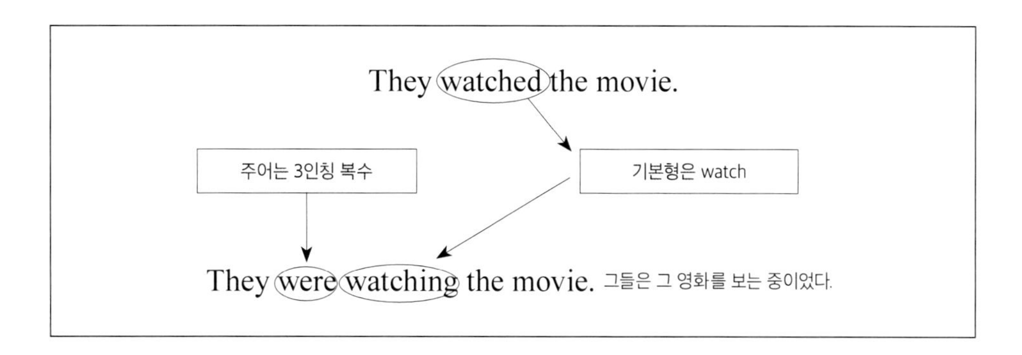

현재 진행시제와 마찬가지로, 주어에 대한 be동사를 결정한 후, 동사의 기본형에 ing를 붙여주면 된다.

	주어	동사	목적어
과거시제	They	watched	the movie.
과거진행시제		were watching	

4. 현재진행시제의 특별한 쓰임

현재진행시제를 사용하여, 곧 있을 미래의 일을 표현할 수 있다.

I **am getting** married this weekend(나 이번 주에 결혼해).

진행시제
be동사 + 동사원형 -ing

※ 주어에 따라 be동사 변형, 과거는 과거be동사 사용, 현재는 현재be동사 사용

5. 진행형시제의 의문문과 부정문

앞서 be동사의 의문문, 부정문과 마찬가지로, 진행형에서는 **be동사가 들어가므로,** be동사 의문문과 같은 방식으로 바꾸어주면 된다.

1) 의문문

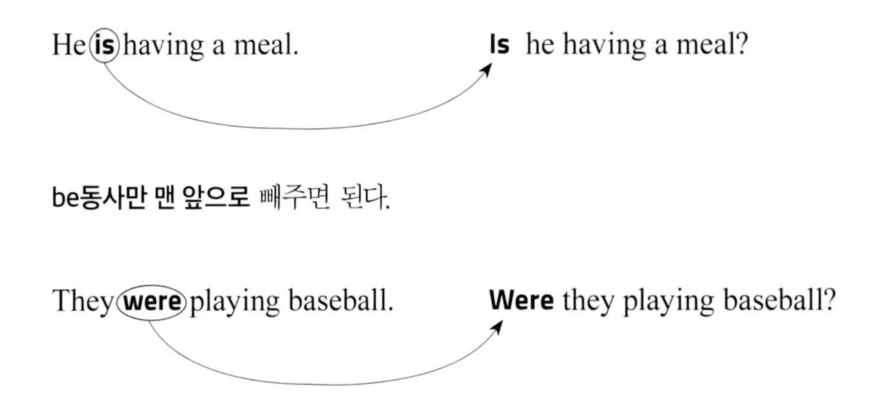

2) 부정문

부정문 또한 be동사 부정문과 동일한 방식으로 바꾸어준다.

be동사 뒤에 **'not'**만 붙여준다.

They **are looking** at a monkey. They **are not looking** at a monkey.
He **was talking** to his friend. He **was not talking** to his friend.

CHAPTER

14 현재완료시제

I **have been** to New York three times.	나는 뉴욕에 세 번 가봤다
He **has studied** for 7 hours.	그는 7시간 동안 공부하고 있다
They **have lost** their dream.	그들은 그들의 꿈을 잃었다
We **have** never **seen** a ghost.	우리는 유령을 본 적이 없다
I **have** just **finished** my homework.	난 숙제를 막 끝마쳤다

완료시제라는 것은 Have(has)+p.p.(과거분사)의 형태로 동사를 변화시켜서 과거의 어떤 시점부터 시작하여, 현재에 완료되는 행위나 현재까지의 상태를 나타내는 것이다.

중요한 것은 과거에 시작하고 현재에까지 영향을 미치는 내용을 나타내는 시제 표현이라는 점이다.

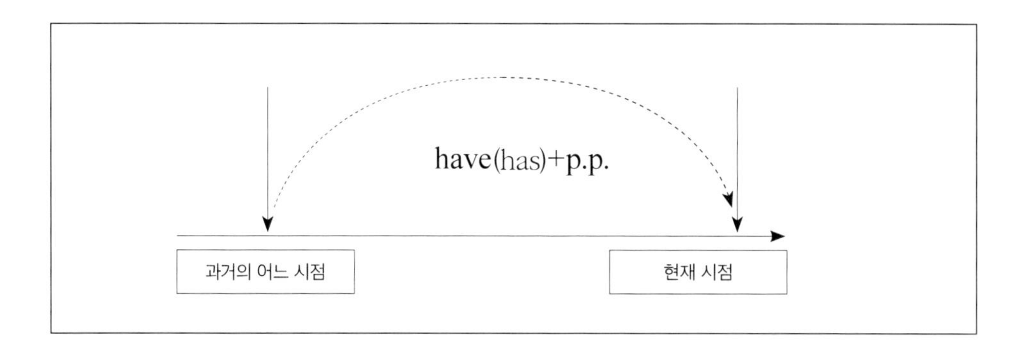

1. 현재완료시제 만들기

I **live** in this house. → I **have lived** in this house.

He **think** of his future. → He **has thought** of his future.

They **collect** coins. → They **have collected** coins.

완료시제 have(has)+p.p.에 쓰이는 p.p. 앞의 have(has)는 '가지다'의 뜻이 아닌 시제를 표현하기 위한 뜻이 없는 단어이다.

He **has had** a big dream.

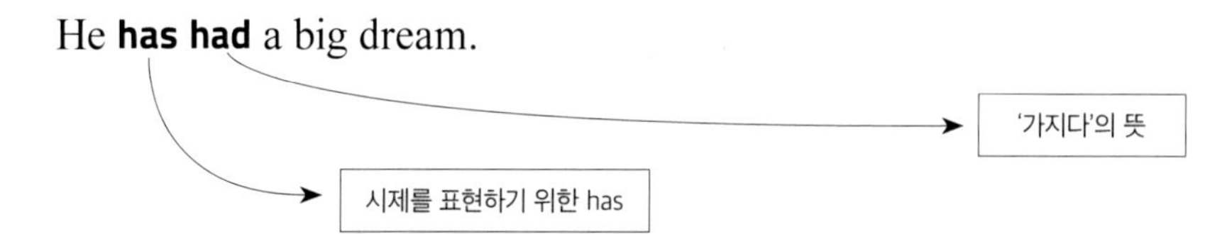

	현재시제	현재완료시제
기본형	**V**	**have p.p.**
3인칭 단수주어	He runs.	He **has run.**
그 이외의 주어	They run. I run. You run.	They **have run.** I **have run.** You **have run.**

(1) 주어가 3인칭 단수일 때, has+p.p.

(2) 그 이외의 주어는, have+p.p.

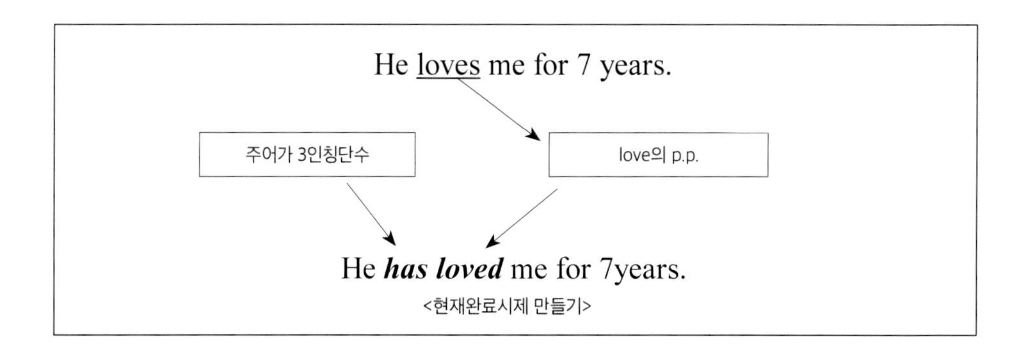

<현재완료시제 만들기>

2. 현재완료시제의 네 가지 의미

1) 경험의 의미

I **have been** to Namsan tower twice.

나는 남산 타워에 두 번 가봤다

She **has** never **seen** him.

그녀는 그를 본 적이 없다

Have you ever **met** him?

너는 그를 만난 적이 있니?

현재완료시제가 횟수를 나타내는 부사(구) once, never, ever, two times, twice 등과 함께 쓰이면 경험을 나타낸다.

2) 계속의 의미

He **has lived** here for three months.

그는 이곳에 3년째 살고 있다

They **have made** 100wins during this season.

그들은 이번 시즌 100승을 하고 있다

She **has taught** me since I was 10.

그녀는 내가 10살 때부터 날 가르쳐 오고 있다

완료시제가 기간을 나타내는 부사(구) for, since, during와 함께 쓰이면 계속의 의미를 나타낸다.

3) 완료의 의미

I **have** just **finished** my task.

난 내 일을 막 끝마쳤다

She **has** just **arrived** here.

그녀는 이곳에 막 도착했다

Tommy **has not found** it out yet.

Tommy는 아직 그것을 알아내지 못했다

현재완료시제가 just, already, yet 등의 부사와 함께 사용되면 동작의 완료의미를 나타낸다.

4) 결과의 의미

I have lost my purse(I lost my purse and I don't have it now).

나는 지갑을 잃어버렸다(난 지갑을 잃어버렸고, 지금 가지고 있지 않다)

She has gone to Europe(She went to Europe and she isn't here now).

그녀는 유럽으로 떠났다(그녀는 유럽으로 갔고 지금 여기에 없다)

현재완료시제가 어떤 일이 벌어졌고, 그 내용이 변함없을 때는 결과의 의미를 나타낸다.

3. 현재완료시제의 의문문과 부정문

1) 의문문

Have you ever seen that guy? You **have** ever seen that guy.

Has he finished his work? He **has** finished his work.

의문문은 **have, has만 앞으로** 보내 주면 된다(be동사와 유사한 방법).

2) 부정문

I **have not lived** this house for 5 years.
(= haven't)

She **has not found** his son yet.
(= hasn't)

부정문의 경우에는 **have, has의 뒤에 not**만 붙여주면 된다(be동사와 유사한 방법).

CHAPTER

15 과거완료시제

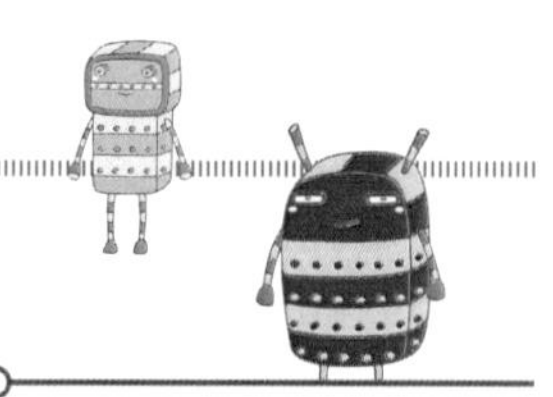

He **had worked** for that company.

그는 그 회사에서 일했었다(지금은 하지 않는다)

She **had helped** the poor.

그녀는 가난한 이들을 도왔었다(지금은 하지 않는다)

과거 완료시제는 과거에 일어나서 과거에 완료된 사건을 서술하거나, 과거의 시점에서 그보다 앞선 이야기를 다룰 때 사용하는 시제이다.

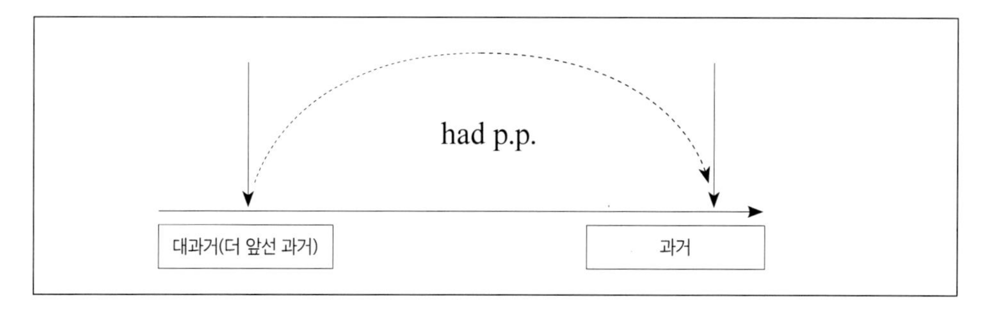

She said she **had waited** me so long.

그녀는 말했다 그녀가 나를 아주 오래 기다렸다고

과거완료시제는 과거보다 앞선 시점에서 시작된 일을 서술할 때만 쓰인다.

1. 과거완료시제의 의문문

Had he **wanted** to be a teacher? 그는 선생님이 되기를 원했었니?
Had we **painted** that wall? 우리가 저 벽을 칠했었니?

과거시제에서는 **주어의 인칭과 수에 관계없이** 'had+p.p.' 형태를 사용하므로, had만 앞으로 빼내면 의문문을 완성할 수 있다.

2. 과거완료시제의 부정문

She **had** not **been** to America. (그녀는 미국에 가본 적이 없다)
(= hadn't)

They **had** not **watched** him before. (그들은 그를 그 전에 본 적이 없었다)
(= hadn't)

부정문은 **had 뒤에 not을 붙여**주면 간단하게 만들 수 있다.

과거 완료에 쓰이는 'had'는 시제를 나타내기 위한 형태일 뿐 뜻을 가지고 있지는 않다.

CHAPTER

16 미래시제

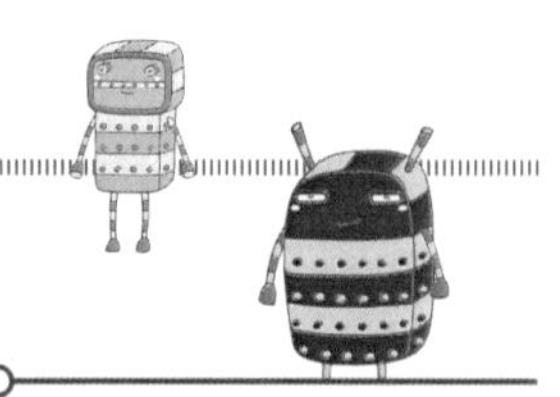

I **will be** a mother.

나는 엄마가 될 것이다

I **am going to visit** may friend in Seoul.

나는 방문할 것이다 서울에 있는 친구를

They **will do** their mission.

그들은 할 것이다 그들의 임무를

They **are going to buy** a new car.

그들은 살 것이다 새 차를

He **will marry** her someday.

그는 그녀와 결혼할 것이다 언젠가는

She **is going to** meet her parents for the first time.

그녀는 만날 것이다 그녀의 부모님을 처음으로

→ for the first time: 처음으로

1. will을 사용한 미래시제 표현

현재형	미래형(~할 것이다)
I **am** a sports star.	I **will be** a sports star.
They **have been** to America three times.	They **will have been** to America three times.
she **is playing** soccer.	she **will be playing** soccer.

미래시제
will + 동사원형

미래시제를 나타낼 때는 will(~일 것이다)를 써준 후 동사 원형을 써주면 된다.

2. be going to를 사용한 미래시제 표현

미래시제(~할 것이다, ~일 것이다)
be going to + 동사의 기본형(원형)

We **have** a party today.
우리는 오늘 파티가 있다

We **are going to have** a party.
우리는 오늘 파티를 할 것이다

He **met** his mother.
그는 그의 어머니를 만났다

He **was going to meet** his mother.
그는 그의 어머니를 만날 예정이었다

You **make** a rule.
너는 규칙을 만든다

You **are going to make** a rule.
너는 규칙을 만들 것이다

※ be going to + 동사원형/장소
I am going to go to church.
나는 교회에 갈 것이다(**미래형**) → be going to 뒤에 동사원형
I am going to church.
나는 교회에 가고 있다(**현재진행형**) → be going to 뒤에 장소

be going to는 하나의 덩어리로서 'will'의 의미를 대신하는 것이다. be going to는 be동사가 수와 인칭에 따라 변하는 것만 주의하면 무리 없이 쓸 수 있다.

3. 미래시제의 부정문과 의문문

1) will을 사용하는 문장의 의문문과 부정문

(1) 의문문

Will you come to my house at 10? 너는 우리 집에 10시에 올 거니?

will만 앞으로 빼주면 된다.

(2) 부정문

I **will not see** him again. 나는 그를 다시는 보지 않을 것이다
(= won't)

will 뒤에 not만 붙여주면 된다.

2) be going to를 사용하는 문장의 의문문과 부정문

(1) 의문문

Are you going to take bus? 너는 버스를 타고 갈 거니?
Is he going to say something? 그가 무언가를 말하려고 할까?

be동사가 들어가므로 **be동사만 앞으로** 빼주면 된다.

(2) 부정문

I **am not going to** be here. 나는 여기에 있지 않을 것이다
You **are not going to** arrest him. 너는 그를 체포하지 않을 것이다

be동사가 들어가므로 **be동사 뒤에** not만 붙여주면 된다.

시제	쓰임
미래진행(will be Ving)	He **will be meeting** Sue at 10. 그는 열시에 수를 만나고 있을 것이다.
미래완료(will have p.p.)	I **will have lived** 17 years by next year. 나는 내년이면 17년째 살고 있는 것이다.

CHAPTER

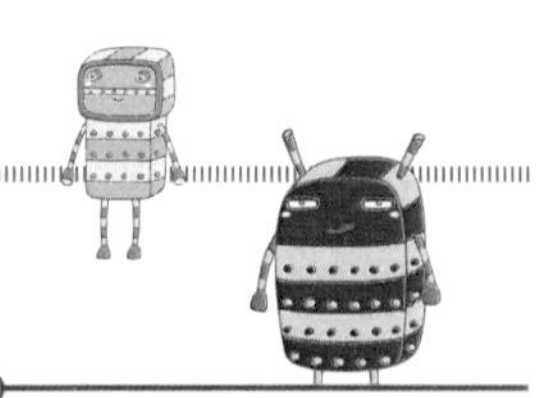

17 수동태(Passive Voice)

수동태라는 것은 말 그대로 능동의 의미가 아닌 수동의 의미를 나타내는 문장을 뜻한다. 앞서 동사를 소개하면서 표(78p)에서 보았듯이 문장에는 능동과 수동의 두 가지 모양이 존재한다. 그렇지만 모든 문장을 능동과 수동으로 표현할 수 있는 것은 아니다. 수동으로 표현하기 위해서는 능동의 문장에 **'목적어'**가 필요하다.

일반적으로 수동태 문장을 나타나는 경우는 두 가지 경우이다.

① 행위자를 알 수 없을 때(혹은 알 필요가 없거나 감추려 할 때)
② 능동의 목적어를 수동의 주어로 쓰는 경우(강조의 의미로 사용)

The window **was broken** yesterday (by someone).
Sally **is loved** by Tom.

수동태는 기본형으로 [be동사+p.p.(past participle, 과거분사)]의 형태를 갖는다.

1. 능동태 문장을 수동태로 만드는 방법

앞서 말했듯이 능동과 수동의 차이는 의미가 아니다. 누가 누구에게 무엇을 하였는가 하는 내용은 같으나, 주어를 누구로 놓느냐 하는 '모양(Voice)'의 차이인 것이다. 따라서 능동과 수동의 문장은 시제가 일치해야 하며, 의미도 같아야 한다.

She / meets her mother at the school. (그녀는 학교에서 그녀의 어머니를 만난다)
주어 동사(현재) 목적어

① 능동태의 목적어를 찾아 수동태의 주어로 놓는다.

→ Her mother

② 능동태의 시제와 동일하게 be동사를 결정한 후 '+p.p.' 하여 준다

(위 능동의 문장이 단순현재시제이므로 be동사는 현재를 사용한다)

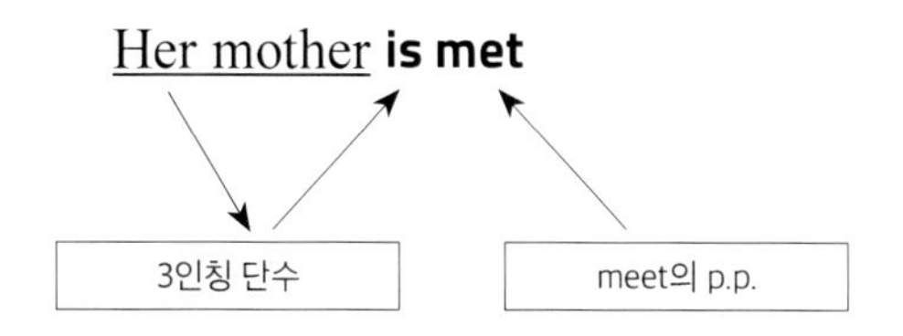

③ 능동의 주어를 'by+목적격' 형태로 만든 후 부사구가 있으면 첨가

Her mother is met **by her at school**.

그녀의 어머니는 학교에서 그녀에 의해 만나지게 된다

위의 과정을 통해 같은 의미를 갖는 두 가지 형태의 문장이 만들어지게 되는 것이며, be+p.p.의 동사 형태를 원형으로 갖는 문장의 형태를 수동태라 한다. 앞으로 많은 시제를 살펴보겠지만 각각의 시제에서 be동사만 모양이 변하고, 그 뒤에 p.p.를 붙여 주면 완성된다.

2. 3, 4, 5형식 문장의 수동태

앞서 보았듯이 수동태는 능동태의 목적어를 주어로 쓰는 문장의 형태이다.

문장의 형식 중에서 목적어가 존재하는 것은 3, 4, 5형식이며 각 문장의 목적어의 개수는 — 수동태 문장 주어의 개수가 되므로 — 바꿀 수 있는 문장의 개수를 나타낸다.

문장의 형식	목적어 개수	능동	수동
3	1	He likes the doll. S V O	The doll is liked by him.
4	2	They gave me a car. S V I.O. D.O.	① **I** was given a car by them. ② **A car** was given (to)me by them.
5	1	Cho made me a doctor. S V O O.C.	I was made a doctor by Cho.

위의 표에서 보면 알 수 있듯이 목적어의 개수에 따라 수동태의 문장 개수가 정해진다. 3형식과 5형식은 각각 목적어가 한 개씩 존재하므로 하나의 수동태 문장이 만들어지며, 4형식은 목적어가 두 개 존재하므로 두 개의 수동태 문장이 만들어지게 되는 것이다.

5형식의 경우 목적보어로 명사가 올 경우에는 목적어와 목적보어를 혼동할 수 있는데, 이때는 목적어를 바르게 찾아 수동태의 주어로 쓰는 것이 중요하다. 위의 표에서 만일 목적보어를 주어로 써서 수동태를 나타낸다면

A doctor was made me by Cho.

의사는 Cho에 의해 나로 만들어졌다

라는 어색한 문장이 나오게 되는 것이다.

3. 수동태시제

시제	현재시제	
태	능동태	수동태
기본형	V	be+p.p. (am, are, is)
예문	They **want** a new car.	A new car **is wanted** by them.

시제	과거시제	
태	능동태	수동태
기본형	Ved	be+p.p. (was, were)
예문	They **wanted** a new car.	A new car **was wanted** by them.

시제	현재진행	
태	능동태	수동태
기본형	be동사 + Ving (am, are, is)	be동사 + Ving = **be동사 + being p.p.** be+p.p. (am, are, is)
예문	They **are wanting** a new car.	A new car **is being wanted** by them.

시제	과거진행	
태	능동태	수동태
기본형	be동사 + Ving (was, were)	be동사 + Ving = **be동사 + being p.p.** be+p.p. (was, were)
예문	They **were wanting** a new car.	A new car **was being wanted** by them.

시제	현재완료	
태	능동태	수동태
기본형	have + p.p.	have + p.p. = have been p.p. be+p.p.
예문	They **have wanted** a new car.	A new car **has been wanted** by them.

시제	미래시제	
태	능동태	수동태
기본형	will + 동사원형	will 동사원형 = will be p.p. be+p.p.
예문	They **will want** a new car.	A new car **will be wanted** by them.

위에서 살펴본 내용을 바탕으로 워크북 『영작의 기술』에서 충분한 연습을 하여 자신의 것으로 습득하도록 한다.

4. 사람의 감정과 관련된 수동태 모양의 표현들

여기에 나오는 표현들은 굳이 수동태라고 보기에는 내용상 어려운 부분들도 있다. 그렇지만, 수동태냐 'be+형용사'의 형태를 가지느냐를 분류하기보다는 하나의 형태로 써 알아 두는 것이 좋겠다. 사람의 감정을 표현하는 데는 by 외에도 다양한 전치사들이 쓰인다.

We **were amazed at** all the animals. 우리는 그 동물들에 경이로움을 느꼈다.
We **were amused by** Tom. 우리는 Tom 덕분에 즐거웠다.
We **were annoyed by** the dog. 우리는 그 개 때문에 화가 났다.
We **were bored by** the teacher. 우리는 선생님 때문에 지루했다.
We **were confused by** the scene. 우리는 그 장면에 혼란스러웠다.
We **were disappointed by** the show. 우리는 그 쇼에 실망했다.
We **were disappointed in** the game. 우리는 그 게임에 실망했다.
We **were embarrassed by** my son. 우리는 내 아들 때문에 부끄러웠다.
We **were exhausted from** all joy. 우리는 모든 기쁨 때문에 탈진했다.
We **were excited by** the train. 우리는 그 기차에 흥분했다.
We **were excited about** the play. 우리는 그 연극에 흥분했다.
We **were frightened by** the ghost. 우리는 유령 때문에 겁먹었다.
We **were interested in** the car. 우리는 그 차에 흥미가 있다.
We **were irritated by** the weather. 우리는 날씨 때문에 짜증났다.

We **were opposed to** calling him. 우리는 그에게 전화하는 것에 반대했다.

We **were satisfied with** the result. 우리는 결과에 만족했다.

We **were shocked at** his reaction. 우리는 그의 반응에 충격받았다.

We **were surprised by** the TV show. 우리는 TV 쇼에 놀랐다.

We **were surprised at** his performance. 우리는 그의 연기에 놀랐다.

We **were tired of** that. 우리는 그것에 질렸다.

We **were worried about** the policy. 우리는 그 정책을 걱정했다.

위의 내용과 관련된 추가적인 내용은 분사 파트에서 더욱 자세하게 다루게 될 것이다.

CHAPTER

18 조동사(Modal Auxiliary)

조동사는 앞서 동사를 설명하는 표에 나타나 있듯이, be동사와 일반동사를 도와서 그 의미를 확장시키는 역할을 하게 된다. 조동사와 관련해서 알아 두어야 할 점들은, 조동사의 특징과 종류(단어의 뜻과 용법을 암기)이다.

They **can play** chess.	나는 체스를 **할 수** 있다
She **may be** your boss.	그녀는 네 사장님**일 것이다**
I **can be** your friend.	난 네 친구가 **될 수** 있을 것이다
You **must do** your job.	너는 네 일을 **해야 한다**

1. 조동사의 특징

조동사는 위의 문장들에서 볼 수 있듯이 다음의 문법적 특징들을 갖는다.

1) 앞의 어떤 주어(1, 2, 3인칭, 단·복수)가 오든 그 모양이 변하지 않는다

She can play the piano.
You can play the piano.
I can play the piano.

2) 조동사 뒤에는 항상 동사의 기본형이 온다

They **must leave** now.
You **will be** fine.
He **should return** it to you.

3) 조동사를 연속해서 두 번 사용하지 않는다

They **will can** have some trouble. (×)
They **will be able to** have some trouble. (○)
They **can be going to** have some trouble. (○)

2. 조동사의 종류와 그 쓰임(가장 대표적인 쓰임들)

1) Can

~할 수 있다 = be able to(가능의 의미)

He **can move** this box = He **is able to move** this box
그는 이 상자를 옮길 수 있다

They **can see** the movie = They **are able to see** the movie
그들은 이 영화를 볼 수 있다

I **can handle** this = I **am able to handle** this
난 이것을 다룰 수 있다

It **can't be** true
그게 사실일 리 없어

This car **can hold** 5 people
이 차는 다섯 명을 태울 수 있다

You **can leave** now
(= may)
이제 당신은 떠나도 됩니다

2) Could

① ~할 수 있었다(can의 과거형으로 사용)

I could buy you some flowers. 너한테 꽃을 좀 사줄 수 있었어.

② 정중한 표현으로 사용

Could you help me? 나 좀 도와줄래?

can과 be able to의 차이

I **can't** **sleep** well.
난 잠을 잘 못자겠어.
I **haven't been able to** sleep recently.
난 요새 잠을 잘 못 자고 있어.
I **will** **be able to** have a new car.

위의 문장을 보면 can은 현재시제밖에 표현할 수 없지만, be able to는 더욱 다양한 시제와 두 개의 조동사가 필요한 때 사용이 가능하다.

3) Will

~할 것이다 = be going to(미래의 의지)

We **will visit** our grandparents this summer.
We **are going to visit** our grandparents this summer.

He **will go** to college.
He **is going to go** to college.

I will과 I'm going to의 차이

I will은 말하는 순간에 정한 일을, I'm going to는 말하기 전부터 생각하고 있던 일을 말한다. 또한 be able to와 마찬가지로 be going to 역시 다양하게 활용이 가능하다. 조동사 단독으로는 시제 변화를 할 수 없기 때문이다.

4) Would

① will의 과거

He said (that) he **would go** to the party.
그는 파티에 갈 것이라고 말했다.

They **would** not **hear** me.
그들은 내 말을 들으려 하지 않았다. (의지)

② 정중한 표현에 사용

Would you do me a favor?
저 좀 도와주시겠어요?

③ 가능성을 나타냄

It **would be** true.
그것은 사실일 거야.

The theater **would seat** 700 people.
그 극장은 700명을 앉힐 수 있어(좌석이 700개).

④ ~하곤 했다. (과거의 불규칙적 습관)

He would go for a walk with his dog.
그는 그의 개와 산책을 다니곤 했다.

They would hold parties on holidays.
그들은 휴일에 파티를 열곤 했다.

5) used to

~하곤 했다. (과거의 규칙적 습관)

He **used to go** to Suwon middle school.
그는 수원중학교에 다녔었다(지금은 아니다).

There **used to be** a bridge.
저곳에 다리가 있었다(지금은 없다).

used to는 한 덩어리이며, 과거의 규칙적 습관을 나타낸다.

- used to의 부정형

He used not(= usedn't, did not use) to drink while young.

현재는 did not use to를 쓰는 추세이다.

used to와 would의 차이

둘 다, '~하곤 했다'의 과거의 습관을 나타내는데, used to는 상당한 기간에 걸친 상습적인 습관이나, 건축물 등의 존재 등 의지와 관련되지 않는 것 등에 사용되며, 특히 현재와의 차이를 드러내는 데 사용된다. 반면, would는 감정적 색체를 띄며, 과거의 우연한, 불규칙한 행위를 나타내게 된다. 종종, often, always 따위의 빈도부사와 함께 쓰인다.

There **used to** be a church. 저기에 교회가 있었어. (O)
There **would** be a church. (×)

6) may

~해도 좋다(허가), **~일지 모른다**(약한 추측)

You **may go** home.
너는 집에 가도 좋다.

They **may have** your paper.
그들이 네 서류를 가지고 있을지도 몰라.

Who **may** you **be**? 당신은 어떤 사람인지요?
May I **help** you? 도와 드릴까요?

7) might

may의 과거형태

She wished that her team **might** win the game.
그녀는 그녀의 팀이 게임에 이기기를 바랐다

Might I use your toilet?

제가 화장실을 써도 될까요? (may보다 정중한 표현)

8) must(= have / has to)

~해야만 한다(의무), ~일 것이다(강한 추측)

You **must come** back home.

= You **have to come** back home.

넌 집으로 돌아가야 한다

He **has to meet** his boss.

그는 그의 사장을 만나야 한다

We **had to finish** that.

우리는 그것을 끝내야 했다

He **must be** a teacher.

그는 선생님임에 틀림없어(be동사가 쓰이면 추측의 의미가 된다)

must가 '~해야만 한다'의 의미일 경우 다양한 시제 표현을 위해 'have to'로 바꾸어 쓴다.

- must의 부정

You **must not deceive** your friend. 너는 네 친구를 속이면 안 된다

(= mustn't)

※ You **must contact** me. 너는 내게 연락해야 해.

You **need not contact** me. 너는 내게 연락할 필요 없어.

9) shall

~할 것이다, ~하실래요? (의문문)

I **shall be** tired this afternoon. 나는 오늘 오후에 피곤할 것 같아.
(will)

We **shall** miss you. 우리는 네가 그리울 거야.
(will)

Shall은 평서문으로는 구어에서 잘 쓰이지 않으며(대신 will을 사용한다), 평서문으로 쓰이는 Shall의 주어로는 대부분의 경우 I와 we만이 올 수 있다.

Shall we **dance**? 우리 춤출래요?

Shall we **go**? 우리 갈래요?

Shall I **sing** a song? 제가 노래할까요?

Shall we **arrive** on time? 우리가 제시간에 도착할 수 있을까요?

의문문에서 Shall을 사용할 때는 '~할까요'의 의미로 상대방의 의사를 묻는 경우이다.

10) should

~해야만 한다(= ought to), ~할 거야(바람, 기대)

You **should obey** the school rules.
= You **ought to obey** the school rules.
너는 학교규칙을 준수해야만 한다

You **<u>should not</u>**(= shouldn't) be late.
= You **<u>ought not to</u> be** late.
너는 학교에 지각하면 안 된다

You **<u>should</u> come** earlier.
= You **<u>ought to</u> come** earlier.
넌 더 일찍 와야 한다

He **has studied** very hard, so he **<u>should</u> pass** the entrance exam.
그는 아주 열심히 공부해왔어. 그러니 그가 입학시험에 통과할 거야
→ should가 기대를 나타내는 의미로 사용

should와 must

Should는 다른 대안이 있지만, ~하는 게 더 좋을 때 권하는 의미의 '해야 한다'라면 Must는 다른 대안은 없고, 꼭 해야 하는 것을 말하는 강력한 표현!

11) should의 특별한 용법들

They insisted that we **[<u>should</u>] help** the poor
그는 주장했다 우리가 가난한 이들을 도와야한다고

I demanded that he **[<u>should</u>] keep** the rules
나는 요구했다 그가 규칙들을 지켜야 한다고

The team suggested that we **[<u>should</u>] find** new way
그 팀은 제안했다 우리가 새로운 방법을 찾아야 한다고

suggest, propose, recommend, insist, demand, command, ask, require, request, order

위 상자 안의 동사들을 요구·제안 동사라고 부르는데 다른 이에게 어떤 행동의 변화를 요구하고 제안한다는 의미이다. 이 동사들은 that절 안에 should를 사용하는데 그 should는 **종종 생략**되고 앞의 시제와 관계없이 **동사의 원형만** 남을 수 있다.

반면 아래의 문장들은 같은 동사를 사용하지만, 다른 이의 행동변화를 요구하는 의미가 아니기 때문에 should를 사용하지 않고 그대로 시제를 맞추어 줘야 한다.

They **insisted** that we **helped** the poor.

그들은 **주장했다** 우리가 가난한 사람들을 돕는다고

The team **suggested** that we **found** new way.

그 팀은 **보여주었다** 우리가 새로운 방법을 찾았다고

또한 위 동사들 이외에 몇 가지 형용사로 표현할 때에도 should를 생략할 수가 있다(이 부분에 대해서는 가정법 현재로 해석하는 의견도 있다. 〈Chapter 24. 가정법〉 참고).

It is **important** that he [should] **have** breakfast.

그가 아침을 먹어야 하는 것은 중요하다.

It is **of** much **importance** that she [should] **be** kind to them.

그녀가 그들에게 친절해야 하는 것은 중요하다.

→ of 명사 = 형용사

It is **necessary** that we [should] **be** able to deal with it.

우리가 그것을 다룰 수 있어야 하는 것은 필수적이다.

12) 그 밖의 조동사들

- **had better** — **~하는 게 더 좋다(제안)**
- **would rather** — **차라리 ~하겠다**
- **may well** — **~일 것 같다(일어날 가능성이 있다)**
- **may[might] as well A (as B)** — **~하는 게 더 좋다(제안)**

You **had better** leave now.

너는 지금 떠나는 게 좋겠어

I **would rather** not meet her.

나는 그녀를 차라리 안 만나겠어

He **may well** do that.

그는 그것을 할 거야

We **may as well** leave now (as stay here).

우리는 지금 떠나는 게 나을 거야 (여기 머물기보다)

3. 조동사와 결합하는 동사의 기본형들

앞서 살펴본 바와 같이 조동사는 그 뒤에 동사의 기본형(원형)이 오는 특징이 있다. 조동사의 뒤에 오게 되는 동사의 기본형에는 여러 가지 종류가 있다.

I **must finish** this.

난 이것을 끝내야 한다 (일반동사 기본형 finish)

It **may be** true.

그것은 사실일지도 모른다 (be동사 기본형 be)

They **should be sent** to my friend.

이것들은 내 친구에게 보내져야 한다 (수동태 기본형 be sent)

I **will be watching** TV at 2.

나는 2시에 TV를 보고 있을 것이다 (진행시제 기본형 be watching)

I **will <u>have lived</u>** for 29 years by next year.

나는 내년이면 29년째 살고 있는 것이다 (완료시제 기본형 have lived)

위에서 보는 것과 같이 조동사의 뒤에 오는 동사의 기본형은 다음과 같다.

종류	형태
일반동사의 기본형	일반동사의 기본형 (want, go, visit, drink 등)
be동사 기본형	be
진행시제 기본형	be + 동사기본형+ing
수동태 기본형	be + p.p.(과거분사)
완료시제 기본형	have + p.p.(과거분사)

4. '조동사 + have p.p.'의 특별한 의미

He got good grades. He **must have studied** hard.

그는 좋은 점수를 받았다. 그는 열심히 공부했음에 틀림없다.

He **must have been** a teacher.

그는 선생님이었음에 틀림없다.

You **should have met** her at that time.

너는 그 당시에 그녀를 만났어야 했다.

I **could have sent** you an invitation.

난 너에게 초대장을 보내 줄 수도 있었다.

You **needn't have sent** me the letter.

너는 내게 편지를 보낼 필요가 없었다.

They **might have known** each other.

그들은 서로 알고 있었는지도 모르겠다.

He **can not have been** Tom.

그가 Tom이었을 리 없다.

조동사 뒤에 have + p.p.의 형태가 오면 주로 과거의 일에 대한 것을 나타낸다.

종류	의미
should have p.p.	~했어야 했다(그렇지만 하지 않았다)
could have p.p.	~할 수 있었다(그렇지만 하지 못했다)
must have p.p.	~했음(이었음)에 틀림없다.
needn't have p.p.	~할 필요 없었다(그렇지만 했다)
might(may) have p.p	~했(이었)는지도 모르겠다.
can not have p.p.	~했(이었)을 리 없다

※ p.p.: past participle, 과거분사

위의 내용 중 could와 should는 과거의 일에 대한 아쉬움을 나타낼 때 사용한다.

동사의 변신은 무죄

to부정사(不定詞, Infinitive), 동명사(Gerunds), 분사(Participles)

앞으로 이어질 세 개의 단원에서 살펴볼 내용은 동사의 활용 — 시제나 능동·수동태가 아닌 동사를 기본으로 하는 단순 동사의 뜻 이외의 쓰임에 대한 것이다. 지금부터 동사의 기본형을 바탕으로 활용하는 내용들은 문장의 수식과 동사를 동사 이외의 목적으로 사용하는 데 이용되는 중요한 내용들이다. 앞서 배운 내용들이 그러하듯, 그 쓰임과 방법을 익히는 데 주력해야 할 것이다.

동사의 변화 형태

종류	to부정사(不定詞)	동명사(動名詞)	분사(分詞)
의미	품사를 정할 수 없는 말 - 쓰임이 많아서	동사를 명사처럼 쓰는 말	동사를 형용사처럼 쓰는 말 (명사 수식, 보어)
형태	to + 동사의 기본형	동사의 기본형 + ing	현재분사: 동사의 기본형 + ing 과거분사: 동사의 기본형 + ed (&불규칙동사들)
쓰임	<명사적용법-명사적 쓰임> ① 주어의 쓰임 To read books is important. 책을 읽는 것은 중요하다. It is important to read books. To be a teacher is my dream. 선생님이 되는 것은 내 꿈이다. ② 목적어의 쓰임 I want to have a new car. 나는 새 차를 갖기를 원한다. ③ 보어의 쓰임 My job is to make computers. 내 직업은 컴퓨터를 만드는 것이다. <형용사적 용법-형용사적 쓰임> I have a book to read. 난 읽을 책이 있다. <부사적 용법-부사적 쓰임> I was surprised to see her. 나는 그녀를 보고서 놀랐다. The shirt is too big to wear. 그 셔츠는 입기에는 너무 크다. I go to school to have lunch. 난 학교에 점심 먹으러 간다.	<주어의 쓰임> Reading books is important. 책을 읽는 것은 중요하다. Being a teacher is my dream. 선생님이 되는 것은 내 꿈이다. <목적어의 쓰임> I enjoyed riding bumper cars. 나는 범퍼카 타기를 즐겼다. <보어의 쓰임> My hobby is collecting old coins. 내 취미는 오래된 동전을 모으는 것이다.	<현재분사> ① be동사와 진행시제 I was watching TV. 나는 TV를 보고 있었다. ② 명사 수식 The crying child is my son. 저 울고 있는 아이는 내 아들이다. The child crying there is my son. 저기서 울고 있는 아이는 내 아들이다. <과거분사> ① be동사와 수동태 The car is used by me. 저 차는 나에 의해 사용된다. ② have(had)와 완료시제 I have lost my friend. 난 내 친구를 잃었다. ③ 명사 수식 The packed luggage is not mine. 포장된 짐은 내 것이 아니다. The car used by me is very old. 나에 의해 쓰여지는 차는 매우 낡았다.

CHAPTER

19 to부정사(to-infinitive)

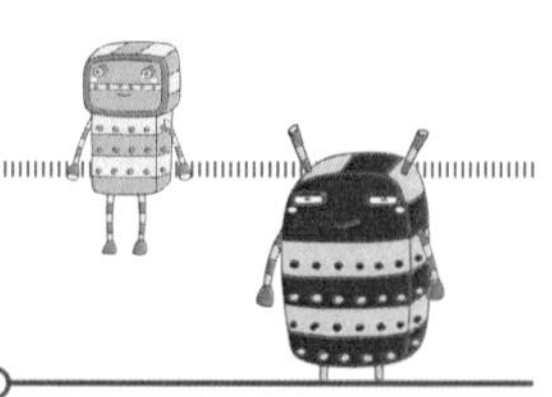

- 의미: '쓰임이 많아서 그 품사를 정할 수 없는 말'이라는 의미
- 형태: to+동사의 기본형

지금부터는 동사를 활용하는 문법들에 대해 배워볼 텐데, 각 문법들이 왜 쓰이는지, 어떻게 쓰이는지에 대해 자세하게 배워볼 것이다.

나는 학교에 공부하다 간다.
나는 마시다 물을 원한다.
물을 마시다는 건강에 좋다.

위의 문장들은 동사를 활용하여 만들어낸 문장들이다. 뭔가 어색하지 않은가? 위의 문장들은 다음과 같이 바뀌야 할 것이다.

나는 학교에 공부하러 간다.
나는 마실 물을 원한다.
물을 마시는 것은 건강에 좋다.

우리나라 말도 동사를 활용하는 방법이 있듯 영어에서 위의 기능을 담당하는 것이 바로 to부정사이다. 위의 문장들을 영어로 바꿔보면 다음과 같다.

I go to school to study.
I need water to drink.
To drink water is good for health.

즉, ~하는 것, ~할, ~하러, ~하도록 등의 표현을 영어에서는 **'to+동사의 기본형'** 형태로 모두 표현할 수 있는 것이다. 그럼 지금부터 각각의 to부정사 용법에 대해서 자세히 살펴보자.

1. to부정사의 명사적 용법

'to+동사의 기본형'의 형태가 명사는 아니지만, 명사(문장에서 주어, 보어, 목적어의 기능)처럼 사용될 때 명사적 용법이라고 한다. 해석은 '~하는 것'으로 해 주면 된다.

1) 주어의 쓰임

To jog / is good for your health. **뛰는 것**은 / 네 건강에 좋다
To jog everyday / is a good habit. **매일 뛰는 것**은 / 좋은 습관이다
To help the poor / is not difficult. **가난한 사람들을 돕는 것**은 / 어렵지 않다
To be kind to others / is important. **다른 이들에게 친절한 것**은 / 중요하다

위 두 번째와 세 번째 문장을 보면 각각 to부정사 뒤에 부사와 목적어가 온 것을 알 수 있다. to부정사는 동사를 활용하는 문법이므로, 앞서 배웠던 1형식에서 5형식의 덩어리 표현을 함께 묶어서 영작하고 해석한다. 또한 마지막 문장에서는 'kind'라는 형용사를 사용하여 to부정사를 만들었는데, 형용사는 동사가 아니므로 be동사나 일반동사의 원형 앞에 to를 붙여서 to부정사구를 만들어준다.

① 가주어와 진주어

To jog is good for your health.
To jog everyday is a good habit.
To help the poor is not difficult.

앞의 문장에서 밑줄 친 부분은 문장의 주어로 쓰였다. 주어의 길이가 길면 문장 파악에 어려움이 있을 수 있으므로, 밑줄 친 부분을 대명사 'it'으로 대신하여 쓰는데 이때, 이것을 가주어(가짜 주어)라 하며 to부정사구를 진주어(진짜 주어)라고 한다.

이때 it은 **해석하지 않는다.**

It is good for your health **to jog**.
가주어 **진주어**

It is a good habit **to jog everyday**.
가주어 **진주어**

It is not difficult **to help the poor**.
가주어 **진주어**

② 의미상 주어

가주어가 들어간 문장에서는 to부정사구가 주어의 역할을 하게 되므로, 어떤 행위가 주어의 의미를 가진다. 따라서 그 행위가 누구에게 어떠한지를 나타내는 '의미상의 주어'를 표현해 주어야 하는데 다음과 같이 나타낸다.

It is dangerous **(for you)** to go out late at night.
위험하다 **(너에게 있어)** 밤늦게 나가 있는 것이

It is kind **(of you)** to help the poor.
친절하다 **(너에게 있어)** 가난한 이들을 돕는 것이

It is natural **(for you)** to say so.
당연하다 **(너에게 있어)** 그렇게 말을 하는 것이

It is difficult **(for me)** to pass the exam.
어렵다 **(나에게 있어)** 시험을 통과하는 것이

위에서 보는 바와 같이 의미상 주어는 형용사의 의미에 따라서 for, 혹은 of를 사용하여 나타낸다. 일반적으로 앞에 설명하는 보어로 쓰인 형용사가 **'어떤 상태를 표현할 때는 for를 사용'**하고, **'사람의 성품을 나타낼 때는 of를 사용'**한다.

쓰이는 전치사	for	of
대표 문장형태(현재형)	It is **형용사** for … toⓥ	It is **형용사** of … toⓥ
형용사 종류	natural, dangerous, difficult, safe, easy, possible, important…	nice, kind, polite, rude, careless, honest, smart wise…

2) 목적어의 쓰임

목적어가 들어가는 문장은 '누가 무엇을 어찌하다'의 뜻으로 해석이 되는데, to부정사의 명사적 쓰임은 '~하는 것'이므로 '누가 ~하는 것을 어찌하다'의 뜻으로 해석이 되는 문장들이다.

I / want / **to have a car.**
나는 / 원한다 / **차를 갖기를**

She / promised / **not to smoke.**
그녀는 / 약속했다 / **담배를 피우지 않는 것을**
→ to부정사의 부정: not to V

They / are hoping / **to see you again.**
그들은 / 바라고 있다 / **너를 다시 보기를**

위에서 보는 바와 같이 to부정사는 동사의 뒤에 붙어서 목적어의 기능을 하게 된다. 동사의 뜻이 목적어를 필요로 할 때, 뒤에 to부정사를 두어 목적어로 쓴다.

★ to부정사의 부정은 to 앞에 not을 붙인 형태인 'not to V'의 형태로 나타낸다. 일반적으로 다음의 동사들은 목적어로 to부정사를 가질 수 있다.

	동사	
	want	
	wish	
	hope	
	expect	
	decide	
	agree	
주어 +	refuse	+ to V 목적어
	plan	
	prepare	
	deserve	
	manage	
	ask	
	persuade	
	...	

① 의문사+to부정사

의문사 whether와 to부정사를 이용하여 [언제 ~해야 하는지, 무엇을 해야 하는지, 어디서 ~해야 하는지, ~해야 하는지] 등의 의미를 표현할 수 있다.

She / didn't tell / me / **what to do**(what I should do).
그녀는 / 말하지 않았다 / 나에게 / **무엇을 해야 하는지**

I / know / **when to start**(when I should start).
나는 / 알고 있다 / **언제 시작해야 하는지**

She / wants to know / **where to go**(where she should go).
그녀는 / 알고 싶다 / **어디로 가야 할지**

We / should discuss / **how to do it**(how we should do it).
우리는 논의해야 한다 / **어떻게 그것을 할지**

I / can't decide / **whether to go(= whether I should go) (or not)**.
나는 / 결정할 수 없다 / **가야 하는지(혹은 안 가야 하는지)**

② 가목적어 표현

They / make / **it** /easy / **to live here**.
그것들은 / 만든다 / 쉽게(쉬운 상태로) / **여기 사는 것**을

They / consider / **it** / difficult / **to solve that problem**.
그들은 / 여긴다 / 어렵다고 / **그 문제를 푸는 것**을

We / believe / **it** / dangerous / **to go out without any preparation**.
우리는 / 믿는다 / 위험하다고 / **아무 준비 없이 나가는 것**을

He / found / **it** / impossible / **to complete the task**.
그는 / 깨달았다 / 불가능하다고 / **그 일을 완수하는 것**을
→ find: 깨닫다

Suhee / thought / **it** / natural / **to leave him**.
수희는 / 생각했다 / 당연하다고 / **그를 떠나는 것**을

위 문장들에서 보는 바와 같이 make, consider, believe, find, think 등의 동사가 **5형식**으로 쓰이며 목적어로 to부정사를 쓰려 할 때, 이러한 동사들이 to부정사를 목적어로 가질 수 없기 때문에, it이라는 **가목적어**를 갖게 되고 to부정사의 내용을 뒤로 보내게 된다. 이때 **가목적어 it은 해석하지 않는다.**

3) 보어의 쓰임

My job / is **to make shoes**.
내 직업은 / **신발을 만드는 것**이다

Their dream / is **to be a scientist**.
그들의 꿈은 / **과학자가 되는 것**이다

She / seems **to be a nurse**.
그녀는 / **간호사인 것**으로 보인다

They / appeared **to pass the test**.
그들은 / **시험을 통과한 것**으로 보였다

The man / wants / you / **to have more confidence**.
그 남자는 / 원한다 / 너에게 / **더 많은 자신감을 갖기를**

to부정사는 위 문장들에서 보여지는 것처럼 주어나 목적어를 보충 설명하여 줄 수 있다.

이 책의 전반부부터 계속 얘기하지만, 무슨 용법으로 쓰인다는 '용어'를 외우려 하기보다는 이러한 형식의 문형으로 쓰인다는 '방법'을 익히는 데 주력해야 한다.

위 문장 중 마지막 문장은 to부정사가 목적어 you를 보충 설명하는 목적보어의 역할을 하는데, 다음의 동사들은 5형식의 문장 — 주어가 목적어에게 목적보어 하게 하다 — 에서 목적보어로 to부정사만 와야 한다.

	동사		
주어 +	want, encourage, get require, request, ask tell, order, advise allow, lead, cause, urge, compel, warn enable	+ 목적어	+ 목적보어 to(v)

2. to부정사의 형용사적 용법

우리가 영어의 문법을 이야기할 때 '형용'이라는 말이 들어가면 주로 명사(구)를 수식하는 것들을 의미하게 된다. 이와 같이 **'to부정사의 형용사적 용법'**은 to부정사를 포함하는 어구가 앞에 있는 명사를 수식할 때이다.

① He / has / many books **(to read)**.
그는 / 가지고 있다 / 많은 **읽을** 책을

② She / needed / a friend **(to play with)**.
그녀는 / 필요했다 / **같이 놀** 친구가

③ They / bought / a chair **(to sit on)**.
그들은 / 샀다 / **앉을** 의자를

위 문장에서 두 번째와 세 번째에 있는 문장은 to부정사 뒤에 전치사나 부사가 오고 있다. 이와 같이 원래의 문장에서 전치사나 부사가 필요했을 때에는 to부정사의 표현에도 그것들을 써주어야 한다. 만일 헷갈린다면 원래의 주어를 쓰고 to부정사의 내용을 동사로 쓴 후 앞에 수식받았던 명사를 그 뒤에 써보면 명확해진다.

① She **plays with** a friend.
② They **sit on** a chair.

1) be동사+to부정사의 특별한 용법: be to 용법

주어의 뒤에 be동사가 오고 그 뒤에 to부정사가 올 때는 **'예정, 의무, 의도, 가능, 운명'** 등의 의미를 가진다. 이것은 오랫동안 쓰인 용법에 의한 것으로, 일종의 관용적 표현으로 보면 된다. 앞서 이야기했던 보어로 쓰이는 to부정사와는 달리 주어의 상태를 서술하는 용법으로 볼 수 있다.

He **is to perform** his play soon. 그는 곧 그의 연기를 펼칠 것이다. (예정)
They **are to succeed**. 그들은 성공할 수 있다. (가능)
Nobody **is to smoke** here. 여기서는 아무도 담배를 피울 수 없다. (의무)
I **am to leave** tomorrow. 나는 내일 떠날 것이다. (의도)
He **was never to be seen**. 그는 더 이상 보이지 않았다. (운명)

때로는 이중적인 의미로 해석될 수는 있지만, 별 무리는 없으므로, 위의 다섯 가지의 의미 중 가장 어울리는 것으로 해석하면 된다. 어떤 언어이든 가장 간략한 형태를 지향한다는 것을 항상 명심하자. 언어에서는 중복되는 것을 줄여나가는 특징이 있다.

3. to부정사의 부사적 용법

to부정사가 앞서 말한 명사적, 형용사적 역할을 이외의 역할을 문장 속에서 하면 부사적 용법이라 한다. 부사라는 품사 자체의 말이, 문장 속에서 이유, 목적, 원인 등을 나타내므로 to부정사구가 문장 속에서 그러한 역할을 할 때, 이를 부사적 용법이라고 한다.
다시 한 번 강조하지만, 용어를 암기하는 것보다는, 그 쓰임을 익히고 활용하는 데 주력해야 한다.

To make your dream come true, you have to work hard.
네 꿈을 이루기 위해서, 너는 열심히 노력해야 한다.

I go to school **to have lunch**.
나는 학교에 **점심 먹으러** 간다.

I go to school **to play with friends**.
나는 학교에 **친구들과 놀기 위해** 간다.

I go to school **to study**.

나는 학교에 공부하러 간다.

I was so happy **to see her**.

나는 그녀를 보고서 너무 기뻤다.

I grew **to be a scientist**.

나는 자라서 과학자가 되었다.

마지막 문장 같은 경우에는 과학자가 되려고 자랐다고 하기보다는 자라서 과학자가 되었다고 해석하는 것이 옳다. 이런 경우에 to부정사가 결과의 의미를 갖는다고 한다.

1) too ~ to ⓥ: **너무 ~ 하다 ⓥ하기엔**

He **is too fat to run fast**.

= He **is so** fat **that** he **can't** run fast.

그는 너무 뚱뚱하다 빨리 달리기에는

[so ~ that …: **너무 ~ 해서 … 하다**]

She **was too sad to sing a song**.

= She **was so** sad **that** she **couldn't sing** a song.

그녀는 너무 슬펐다 노래를 부르기에는

[too … to ⓥ]를 [so ~ that …]으로 바꿀 때에는 시제를 확인하고 that절의 시제를 앞쪽의 시제와 일치시켜야 한다. 흔히 학생들이 [too … to ⓥ]에서 무언가를 빼고 더해서 [so ~ that …]로 바꾸려 하는데, 의미상 일치하는 표현이므로 단순히 빼고 더한다는 개념보다는 의미를 맞추는 데 초점을 맞춰야 한다.

2) … enough to ⓥ: 충분히 …한(하게) ⓥ할 만큼

She **is smart enough to be the best**.
= She **is so** smart **that** she **can be** the best.
그녀는 최고가 될 만큼 충분히 영리하다

She **was tall enough to be a model**.
= She **was so** tall **that** she **could be** a model.
그녀는 모델이 될 만큼 충분히 컸다

3) 독립부정사 표현들

다음의 표현들은 문장에서 독립적으로 사용되며, 부사구의 역할을 하게 된다.

- to tell the truth	사실대로 말하면
- so to speak	말하자면
- to begin with	우선
- not to speak of	~은 말할 것도 없이
- strange to say	이상한 이야기지만
- needless to say	말할 필요도 없이
- to do one justice	~를 공평하게 평가한다면
- to make matters worse	설상가상으로
- to be sure	확실히
- to make a long story short	간단히 말하면

To make matters worse, he was hurt by the accident.
설상가상으로, 그는 사고에 의해 상처까지 입었다

To begin with, we had to look for him.
우선, 우리는 그를 찾아야만 했다

Needless to say, you should do it right now.
말할 필요도 없이, 너는 그것을 당장 해야 한다

4) to부정사의 여러 가지 모양

He seems **to have solved** many problems. to+완료기본형(have+p.p.)
그는 **많은 문제를 해결했던** 것처럼 보인다.
→ to부정사의 내용이 본동사보다 과거의 내용을 의미함

She wants **to be loved.** to+수동태 기본형(be+p.p.)
그녀는 **사랑받기를** 원한다.

They expect **to be playing** soccer. to+진행형 기본형(be+ⓥing)
그들은 **축구를 하고 있는 것**을 기대한다

각각의 시제나 수동/능동에 따라 to부정사의 모양이 다양하게 변할 수 있음을 기억하자.

4. 5형식 문장의 형식 비교

앞서 살펴본 내용을 바탕으로 하면 문장에서 가장 복잡한 형태는 5형식으로 볼 수 있다. 일단 5형식은 해석이 [**주어**가 **목적어**에게 **목적보어** 하게 **동사**하다]라고 해석이 되는 문형이다. 5형식에서 살펴볼 내용 중에 중요한 부분은 **목적보어로 동사의 내용이 올 때**이다.

1) 사역동사

① She made me happy.
S V O O.C.

그녀는 / 만들었다 / 나를 / 행복하게(행복한 상태로)

② She made me a teacher.
S V O O.C.

그녀는 / 만들었다 / 나를 / 선생님으로

③ She made me cry.
S V O O.C.

그녀는 / 만들었다 / 나를 / 울도록

④ They had my son enter the team.
S V O O.C.

그들은 / 해주었다 / 내 아들을 / 팀에 들어가게

⑤ Suhee / made / us / chased by them.
S V O O.C.

수희는 / 만들었다 / 우리가 / 그들에 의해 쫓기도록

위의 ①~③의 문장을 살펴보면 목적보어로 각각 ①번은 happy라는 형용사, ②번은 a teacher이라는 명사, ③번은 cry라는 동사가 온 것을 알 수 있다.

동사 **make, let, have**가 5형식으로 쓰이면 이들을 사역동사 — 무언가를 시킨다는 의미 — 라고 부르며, 이들의 목적보어로 능동동사의 내용이 와야 할 경우에는 기본형만 사용한다.

⑤번에서처럼 목적보어로 수동의 의미가 올 때는 과거분사를 쓴다.

또한 원형(기본형)으로 사용되는 동사를 이때는 to부정사와 구별하여 '**원형 부정사**'라고 부른다.

2) 지각(감각)동사

I felt someone approaching.
S V O O.C.

나는 / 느꼈다 / 누군가 / 다가오는 것을

She is hearing her husband sing.
S V O O.C.

그녀는 / 듣고 있다 / 그녀의 남편이 / 노래하는 것을

They watched their house burning.
S V O O.C.

그들은 / 보았다 / 그들의 집이 / 불에 타는 것을

위의 문장에서 볼 수 있듯이 사람의 감각을 표현하는 동사들 **'feel, watch, see, hear, listen to 등'**의 동사들이 5형식으로 사용될 때, 목적보어로 동사의 내용이 필요할 때에는 동사의 기본형이나 현재분사 형태(ⓥing)가 와야 한다.

이보다 앞서 살펴본 5형식에서 to부정사를 목적보어로 취하는 동사들과 함께, 지각동사, 사역동사를 비교하여 표로 나타내면 다음과 같다.

동사	종류	목적보어로 능동행위의 의미가 올 때
사역동사	let, make, have	**동사의 기본형 사용**
예) He let his son **try** one more time. She had me dance.		
지각동사	feel, watch, see, listen to, hear 등	**동사의 기본형과 현재분사(Ving)사용**
예) They saw their kids **play**. They saw their kids **playing**.		
일반적인 동사들	want, encourage, get, require, request, ask, tell, order, advise, allow, lead, cause, urge, compel, warn, expect, enable 등	**to부정사 사용**
예) They wanted me **to work** hard. She asked him to be quite.		

She helped me **to make** new plan.

She helped me **make** new plan.

help는 5형식으로 사용될 때, 목적보어로 to부정사와 원형부정사 모두 올 수 있다. 그래서 help를 준사역동사라고 부른다. 우리가 5형식의 문형을 중요시하는 이유는 가장 복잡한 형태의 문장이기 때문이며, 표에서 보는 바와 같이 동사에 따라서 쓰이는 방법이 조금씩 다르기 때문이다. 위의 내용들을 꼭 숙지하여, 올바르게 사용할 수 있도록 하자.

have에 있어서 목적보어로 ⓥing가 오는 경우도 있다. 이때에는 have가 '허락하다'라는 의미로 쓰인다.

She had me going there.

그녀는 / 허락했다 / 나에게 / 그곳에 가도록

get에 있어서도 목적보어로 ⓥing가 오는 경우도 있다(책머리에 일러두었지만, 문법이라는 것은 다양한 표현들에서 규칙성을 정리한 것일 뿐이다. 문법이 어느 정도는 맞지만 절대적인 것은 아니다).

to부정사는 동사를 활용한 문법이므로 to부정사 뒤에 오는 목적어나 보어 그리고 부사(구, 절)까지도 한 덩어리로 해석을 한다.

[To have breakfast every morning] is good for your health.

I get up early **[to have breakfast every morning]**.

CHAPTER

20 동명사(Gerund)

동명사(動名詞)는 말 그대로 동사의 명사 형태. 즉, 동사를 명사처럼 쓰기 위한 변형된 모양이다. 형태는 '동사의 기본형+ing'이다. 동명사는 동사를 명사처럼 쓰기 위한 것이므로, 문장에서 **주어, 목적어, 보어**의 기능을 하게 된다.

1. 주어의 쓰임

Keeping a dairy is not easy.
일기를 쓰는 것은 쉽지 않다

Stretching everyday / helps / you / to be healthy.
매일 스트레칭하는 것은 / 도움을 준다 / 네가 / 건강해지도록

Being a good teacher takes lots of effort.
좋은 선생님이 되는 것은 많은 노력이 든다

2. 목적어의 쓰임

I / stopped / **smoking**.
나는 / 그만두었다 / **담배 피우는 것**을

She / avoided / **doing bad things**.
그녀는 / 피했다 / **나쁜 짓들을 하는 것**을

3. 보어의 쓰임

My job is **making cookies**.

내 직업은 **쿠키를 만드는 것**이다

Seeing is **believing**.

보는 것이 **믿는 것**이다(백문이 불여일견)

동명사 만드는 법

종류	대부분의 동사	-e로 끝나는 동사	'단모음+단자음'으로 끝나는 동사
활용방법	동사기본형+ing	e를 뺀 후+ing	동사기본형+자음+ing
쓰임	play→play**ing** cry→cry**ing** read→read**ing** sing→sing**ing**	love→lov**ing** take→tak**ing** like→lik**ing** come→com**ing**	run→run**ning** put→put**ting** stop→stop**ping** hit→hit**ting**

4. 동명사와 to부정사

동명사와 to부정사에 있어서 비교할 부분은, 바로 명사적 쓰임이다.

동명사와 to부정사의 명사적 용법이 모두 동사를 명사처럼 쓰기 위한 것이므로 아래 그림과 같이 쓰임에 있어서 겹치는 부분도 있고, 그렇지 않은 부분도 있다.

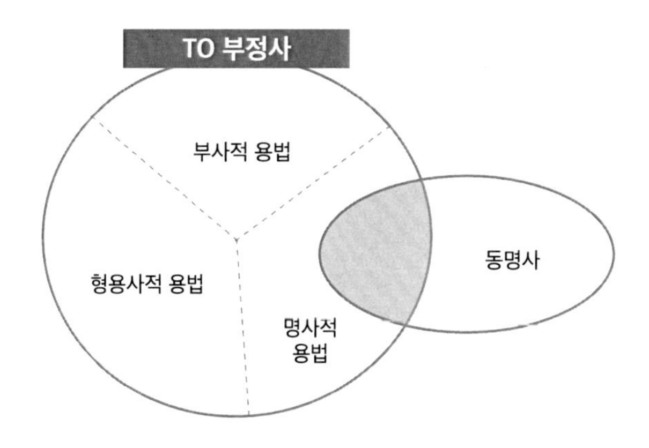

앞의 그림에서 동명사와 to부정사의 명사적 용법이 겹치는 부분은 바로 주어와 보어로 쓰일 때이다. 겹치지 않는 부분은 바로 목적어로 쓰일 때 차이를 보이는 것이다.

문법상으로 구분된 것과는 별개로, 다만 to부정사와 동명사에 있어서 to부정사는 어감상 아직 경험하지 못한 것을 나타내는 어감이 있고, 동명사는 습관 혹은 이미 경험했던 것을 나타내는 경향이 있다.

1) 주어의 쓰임

To have a dream is important.
= **Having a dream** is important.

2) 보어의 쓰임

My dream is **to make an air plane**.
= My dream is **making an air plane**.

3) 목적어의 쓰임

He wants **to have a new car**. (○)
He wants **having a new car**. (×)

They enjoyed **playing soccer**. (○)
They enjoyed **to play soccer**. (×)

위 문장에서 볼 수 있듯이 목적어로 쓰이는 to부정사나 동명사는 그 앞에 동사가 무엇이 오느냐에 따라 그 쓰임이 다르다. 이것을 숙지해야 한다.

to부정사만을 목적어로 취하는 동사	동명사만을 목적어로 취하는 동사
want wish hope expect decide agree refuse plan prepare deserve manage ask persuade	enjoy stop finish quit practice mind avoid admit complete consider deny put off (= postpone) anticipate

to부정사와 동명사를 모두 목적어로 쓸 수 있지만 의미가 달라지는 동사들

① try

- try to V: ~하려고 애쓰다(노력하다)

  I tried to find it out. 나는 그것을 알아내려고 애썼다

- try Ving: 시험 삼아 ~해보다

  He tried pushing the button. 그는 버튼을 눌러보려 했다

② forget/remember

- forget to V: ~할 것을 잊다 (아직 안 한 것)

  I forgot to contact her.

  나는 그녀에게 연락해야 할 것을 잊었다

- forget Ving: ~했던 것을 잊다 (이미 한 것)

  I will never forget having a day with Suhee.

  나는 수희와 하루 보낸 것을 절대 잊지 않을 것이다

- remember to V: ~할 것을 기억하다 (아직 안 한 것)

  He remembers to send you a invitation.

  그는 너에게 초대장 보낼 것을 기억한다

- remember to Ving: ~한 것을 기억하다 (이미 한 것)

  They don't remember making mistake at the show.

  그들은 그 쇼에서 실수한 것을 기억하지 않는다

③ regret

- regret to V: ~하게 되어 유감이다

  I regret to say such a thing to you.

  나는 그런 것을 너에게 말하게 되어 유감이다

- regret Ving: ~한 것을 후회하다

  I regret making you go. 나는 너를 가게 만든 것을 후회한다

5. 동명사의 의미상 주어

[Doing exercise is good for his health.]라는 문장에서 'Doing exercise'라는 어구는 이 문장의 주어로 쓰인 것이다. 동명사의 어구는 말 그대로 동사를 명사처럼 사용하기 위한 것이므로, 명사처럼 소유격을 사용할 수 있다.

[His doing exercise is good for his health.]라는 문장을 쓴다면, 운동을 하는 주체를 대명사의 소유격이나 목적격을 사용하여 간단하게 표현할 수 있다. 이때, 동명사 앞에 쓰여 '누구의 행동인지'를 표현하는 **소유격** 혹은 **목적격 대명사**를 **'동명사의 의미상 주어'**라고 한다.

I don't understand **her not being polite** to customers.
난 **그녀가 손님들에게 친절하지 않은 것**을 이해할 수 없다

My mother was proud of **my winning first prize in the contest**.
우리 어머니는 **내가 콘테스트에서 일등 한 것**을 자랑스러워하셨다

His only concern is **me not passing the entrance exam**.
그의 유일한 근심은 **내가 입학시험을 통과하지 못하는 것이다**

6. 동명사와 to부정사의 부정

1) to부정사의 부정은, to부정사 앞에 not을 붙여주면 된다

to go → **not** to go

He / wants / **not to go** right now.
그는 원한다 / 지금 당장 **가지 않는 것을**

His mother / allowed / him / **not to be at home**.

그의 어머니는 / 허락했다 / 그가 / 집에 있지 않는 것을

2) 동명사의 부정은 동명사 앞에 not을 붙여주면 된다

going→ **not** going
being polite→ **not** being polite

He / enjoys / **not being busy**.

그는 / 즐긴다 / **바쁘지 않음**을

They / stopped **not doing their duties**.

그들은 / 그만두었다 / **그들의 의무를 다하지 않는 것**을

7. 동명사의 여러 가지 모양

앞서 to부정사에서 살펴보았듯이, 동명사도 여러 가지의 모양을 가진다.

1) be동사를 활용한 동명사

be동사는 다음과 같이 쓰인다.

(1) 1형식

I am here. 나는 여기에 있어.

이러한 경우에는 to부정사나 동명사를 만들 때에 be동사 뒤에 보어 대신에 부사(구)가 오게 된다. 동명사의 해석은 **[~에(와) 있는 것]**으로 한다.

Being here is not exciting.

To be here is not exciting.

여기 있는 것은 즐겁지 않다.

현재완료형을 동명사로 만들면 **한 시제 앞선 것**을 의미한다.

Being with you is my wish.

너와 함께 있는 것이 내 소원이다.

Having been with you is good luck to me.

너와 함께 있었던 것은 내게 행운이다.

(2) 2형식

They are happy.　　He was a doctor.　　I will be an engineer.

Being happy is the best thing in our lives.

행복한 것은 우리 인생에서 가장 중요한 것이다.

Being an engineer is my dream.

기술자가 되는 것이 내 꿈이다.

2) 일반동사 동명사

가장 흔하고 일반적인 동명사이다.

(1) 현재시제 일반동사

Taking a walk in the morning is good for your health.

아침에 산책하는 것은 네 건강에 좋다.

(2) 수동태 일반동사

Being invited to his party / means / that he and I are friends.

그의 파티에 초대되었다는 것은 / 의미한다 / 그와 내가 친구라는 것을

동명사+목적어(보어)+부사(구)

동명사는 동사를 명사처럼 활용한 형태이지만 동사의 성격을 가지고 있다. 따라서 뒤에 목적어나 보어가 올 수 있고, 부사나 부사구도 올 수 있다. 해석이나 영작을 할 때에는 동명사 뒤에 오는 것들을 한 덩어리로 묶어 가야 한다.

8. 동명사의 관용적 표현들

He couldn't help laughing.

<can not help Ving: ~하지 않을 수 없다>

그는 웃지 않을 수 없었다

On hearing his comeback, she started crying.

<on Ving: ~하자마자>

그가 돌아온다는 소식을 듣자마자, 그녀는 울기 시작했다

I feel like drinking something cold.

<feel like Ving: ~하고 싶다>

나는 차가운 것이 마시고 싶어

This book is worth reading.

<be worth Ving: ~할 가치가 있는>

이 책은 읽을 만한 가치가 있어

He is used to meeting new people.

〈be used to Ving: ~하는 데 익숙하다〉

그는 새로운 사람들을 만나는 데 익숙하다

They are busy doing their work.

〈be busy Ving: ~하느라 바쁘다〉

그들은 일을 하느라 바쁘다

I am looking forward to having the party.

〈look forward to Ving: ~하는 것을 기대하다〉

나는 파티하는 것을 기대하고 있어

I had hard time solving that problem.

〈have hard time[trouble/problem] Ving: ~하는 데 어려움을 겪다〉

나는 그 문제를 푸는 데 어려움을 겪었어

They spent their time helping their children.

〈spend 시간/돈 Ving: ~하는 데 시간/돈을 쓰다〉

그들은 그들의 아이들을 도와주는 데 시간을 보냈다

The party objected to starting that policy.

〈object to Ving: ~하는 것을 반대하다〉

그 정당은 그 정책을 시작하는 것에 반대했다

We have to prevent it from starting.

〈prevent/protect/prohibit/stop/keep/discourage/restrain/impede 목적어 from Ving: 목적어가 ~못 하게 하다〉

우리는 그것이 시작되는 것을 막아야 합니다

CHAPTER

21 분사(Participles)

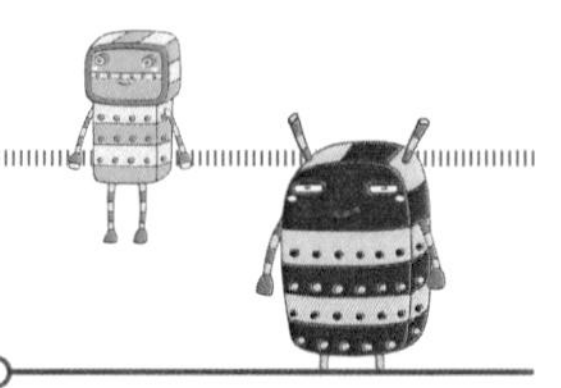

1. 의미

동사를 형용사처럼 사용한다는 의미

2. 종류

	현재분사	과거분사
형태	동사원형+ing	동사원형+ed (p.p.)
의미	진행과 능동의 의미	완료와 수동의 의미

3. 쓰임

분사의 쓰임은 다음과 같다.

1) 동사의 시제를 보조하는 역할

They **are playing** the piano.
→ be동사와 결합하여 **진행형**을 만드는 **현재분사**

She **has created** many works.
→ have와 결합하여 **완료형**을 만드는 **과거분사**

현재분사 만드는 법은 동명사 만드는 법과 동일하고, 규칙 동사의 과거분사 만드는 법은 과거형 만드는 법과 동일하며, 불규칙 동사의 과거분사 만드는 법은 동사 챕터에 있는 불규칙 동사표를 참고하면 된다.

2) 형용사적 쓰임

형용사의 쓰임은 앞서 형용사 파트에서 이야기했듯이 크게 두 가지이다.

(1) 서술적 용법 = 보어의 역할

It was very **exciting**. 그것은 매우 재미있었다

They were **shocked**. 그들은 충격받았다

-ed or -ing?

분사가 보어의 역할을 할 경우 과거분사를 쓸 것인가 현재분사를 쓸 것인가 하는 문제는 보어의 내용을 누구의 관점으로 바라보는가에 달려있다.

He is **exciting** (to me). 그는 재미있어 (나에게)
→ 다른 사람이 그를 평가하는 것

He is **excited**. 그는 흥분했어
→ 그 자신의 감정

흔히들 사람을 주어로 하면 무조건 과거분사를 써야 한다고 생각하지만, 현재분사냐 과거분사냐 하는 문제는 주체가 느끼는 것인지 다른 사람이 주체를 평가하는 것인지에 달려 있다.

(2) 한정적 용법 = 명사를 꾸며주는 기능

현재분사는 진행과 능동의 의미를 갖고, 과거분사는 과거와 수동의 의미를 지닌다.

Invited people have to fill this form.
초대된 사람들은 이 양식을 채워야 한다.

→ 수동과 과거의 의미로 쓰인 과거분사

I saw a **crying** child at the museum.

나는 박물관에서 **울고 있는** 아이를 보았다.

→ 능동과 진행의 의미로 쓰인 현재분사

The picture **(taken by Mr. Lee)** shows wonderful scenary.

(Mr. Lee에 의해 찍힌) 사진은 멋진 풍경을 보여준다

The man **(standing at the front door)** was looking for his bag.

(정문에 서 있던) 남자는 그의 가방을 찾고 있었다

분사가 일정한 구를 이루어 명사를 수식하는 경우에는 명사 뒤에서 수식을 하게 된다.

4. 준동사(Verbals)에 대한 이야기

앞서 살펴본 바와 같이 동사를 변형하여 사용하는 형태는 크게 to부정사, 동명사, 분사로 나눌 수 있다. 그리고 이들을 동사를 변형하여 사용한다고 하여 준동사라고 부른다.

The people **(created by the God)** / **created** a lot of troubles.
목적어

(신에 의해 창조된) 사람들이 많은 문제를 일으켰다.

과거분사도 -ed 형태이고 동사도 -ed 형태일 경우에는 -ed 뒤에 목적어가 있는 것이 본동사이다. 그 이유는 수동의 의미로 쓰이는 과거분사는 목적어를 가질 수 없기 때문이다.

준동사라고 부르는 것에는 또 다른 이유가 있다. 그것은 바로 의미상 동사의 특징을 가지고 있기 때문이다. 즉, 동사처럼 목적어나 보어를 취할 수 있고, 뒤에서 부사나 전치사구의 수식을 받을 수 있다는 것이다.

He wants **to perform the plan with his friend**.
to부정사의 **목적어** **부사구**

그는 **그의 친구와 계획을 함께 실행하는 것**을 하고 싶다

Raising children with little money is very hard.
동명사의 **목적어** **부사구**

돈 없이 아이들을 키우는 것은 아주 어렵다

They met a person **wearing an unique dress with very big ribbon**.
분사의 목적어 형용사구

그들은 **큰 리본이 달린 특이한 옷을 입은** 한 사람을 만났다

따라서 위에서 보는 바와 같이 동명사, to부정사, 분사구를 영작하거나 해석할 때에는 뒤에 나오는 목적어나 보어, 혹은 부사나 전치사 구들도 하나의 덩어리로 묶어서 의미관계를 파악해야 한다.

toV (to부정사) Ving (동명사) Ved (과거분사) Ving (현재분사)	+ (목적어/보어) + 부사(구/절)

CHAPTER

22 관계대명사(Relative Pronouns)

'나는 밥을 먹었다'라는 말이 있다고 하면, 우리는 '밥'이라는 명사를 수식하고자 할 때 하나의 문장으로 수식을 해 줄 수 있다.

예컨대, '나는 어머니께서 만드신 밥을 먹었다'처럼 수식할 수 있는 것이다.

영어에서도 문장 속에 있는 명사나 대명사를 주어와 동사가 포함된 절로 수식하여 줄 수 있는데, 그것이 바로 관계대명사이다. 기본적으로 **두 문장을 하나로 연결**하기 때문에 **접속사 대신에 쓰는 표현**이라고 생각하면 된다.

위에 나왔던 문장을 다음과 같이 영어로 바꾸어서 이해를 해보자.

① I ate some food **(which my mother had made)**.
나는 **(어머니께서 만드신)** 음식을 먹었다.

위의 문장에서 쓰인 which가 바로 관계대명사이다.

위의 문장을 수식하기 전의 두 개의 문장으로 바꾸면,

② I ate some food.

③ My mother had made some food.

의 두 문장으로 나타낼 수 있다. 이때 우리가 ①번 문장에서 some food 뒤에 썼던 which는 ③번 문장의 some food를 대신하는 말이다. some food가 ③번 문장에서 목적어로 쓰였기 때문에 which는 목적격 관계대명사라고 부르는 것이다. 따라서 우리는 다음과 같이 관계대명사를 정의할 수 있다.

관계대명사: 수식하고자 하는 문장에서 겹쳐 쓰이게 되는 명사를 대신하는 말

I ate **some food** which my mother had made.
선행사 관계대명사

food는 관계대명사의 앞에 온다는 의미로 선행사(先行詞)라고 부른다. 일반적으로 관계대명사 앞에는 선행사가 반드시 와야 하며, 관계대명사로 표현되어지는 명사가 수식을 하는 문장에서 주어로 쓰였느냐, 목적어로 쓰였느냐에 따라 그 '격'을 결정하게 되는 것이다.

1. 관계대명사의 종류와 활용

관계대명사가 대신하게 되는 명사가 사람이냐 사물이냐에 따라, 그리고 그 명사가 뒤의 문장에서 주어, 목적어, 또는 소유격을 표현하는 명사로 쓰였느냐에 따라 관계대명사가 결정된다. 아직은 잘 이해가 되지 않겠지만, 앞으로 나오는 예문들과 설명들을 충실히 따라주길 바란다. 필자가 관계대명사 파트를 책의 뒷부분에 위치시킨 것은 앞서 배운 내용들이 뒷받침되지 않으면 학생들 이해하기 힘든 관계대명사의 내용이 있어서이다.

관계대명사의 종류

	주격	목적격	소유격
사람	who	who(m)	whose
사물	that which	that which	whose/ of which

이 외에 선행사 없이 쓰이는 관계대명사 **what**이 있다.

그럼 지금부터 각 관계대명사별로 그 쓰임을 살펴보도록 하자.

1) 사람을 지칭하는 (대)명사를 수식할 때

(1) 주격 관계대명사 **who**

[He knows the girl.]이라는 문장에서 girl이라는 단어를 수식하고자 한다.

He knows the girl (**who** was there).
그는 그곳에 있었던 소녀를 알고 있다.

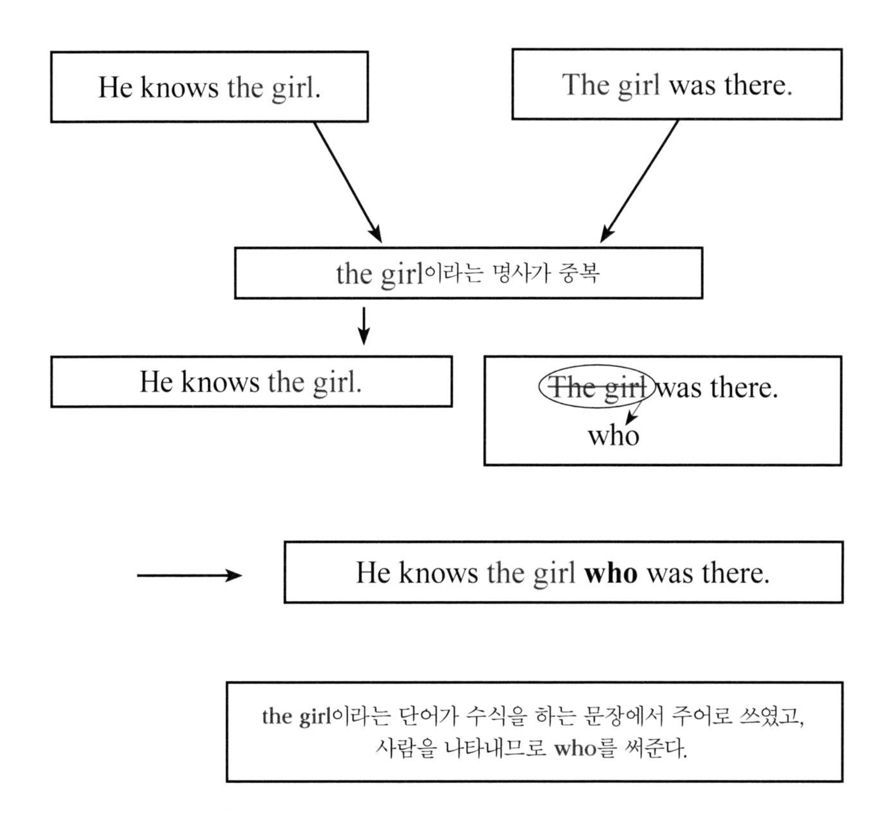

위의 문장은 목적어로 쓰인 — 동사의 뒤에 나오는 명사 — 를 주격관계대명사로 수식하는 방법을 나타낸 것이다. 만일 수식하고자 하는 명사가 문장의 주어로 쓰였다면 수식관계를 먼저 표현하고 문장을 이어나간다. 즉, 다음과 같은 방법으로 한다.

[The girl was there.]이라는 문장이 있을 때 the girl을 수식하고자 한다.

The girl (**who** put on a white dress) was there.
하얀 옷을 입은 소녀가 거기에 있었다

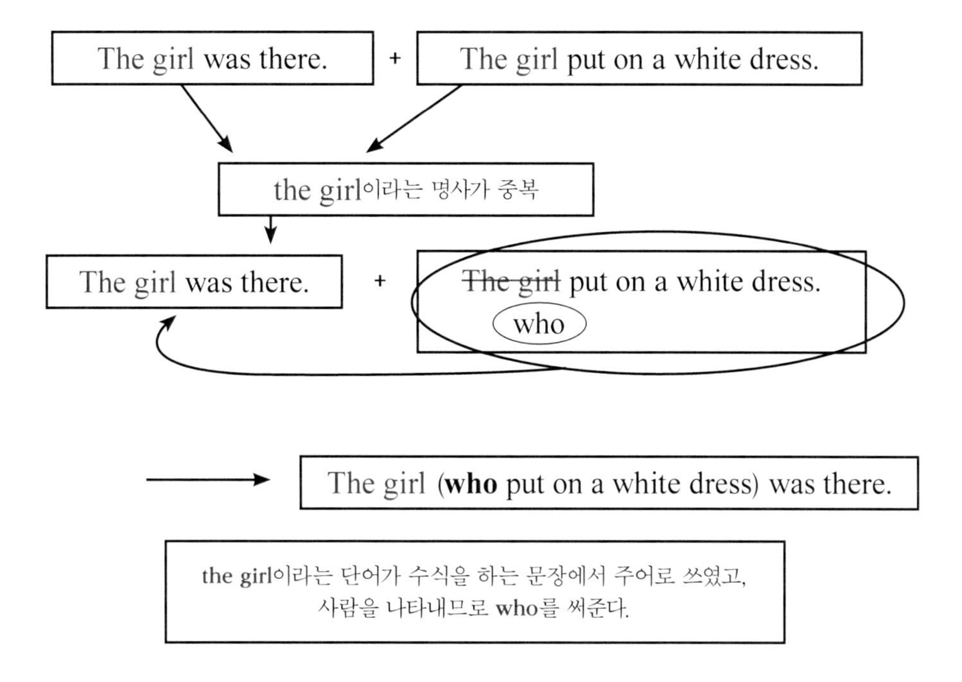

I meet **Suji** (who has beautiful eyes).
나는 **Suji**(예쁜 눈을 가진)를 만난다

Suji (who has beautiful eyes) **meets** her friend.
Suji(예쁜 눈을 가진)는 그녀의 친구를 만난다

주격관계대명사를 쓸 때는 선행사와 동사의 수를 일치시켜야 한다.

(2) 목적격 관계대명사 whom

[The man was crying.]이라는 문장에서 the man을 수식하고자 한다.

The man (whom you met before) was crying.
그 남자(네가 전에 만났던)가 울고 있었다

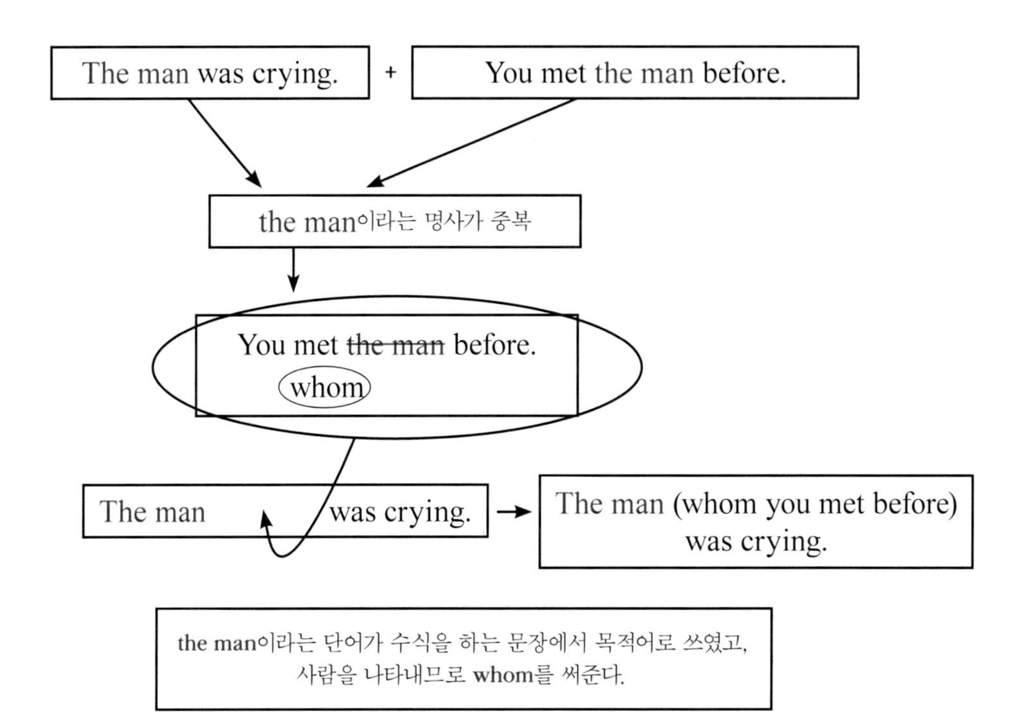

I know a boy (**whom** you want to see).
나는 소년(네가 보고 싶어 하는)을 알고 있다

위의 문장에서 목적격 관계대명사 whom은 생략할 수 있다.

※ 관계대명사에서 목적격 관계대명사는 생략 가능하다.

⑶ 소유격 관계대명사 whose

문장 안에서 선행사를 수식하는 데 있어서, 선행사의 소유물이 되는 무언가를 수식하고자 할 때는 소유격을 사용한다.

The girl (whose eye are beautiful) is my daughter.

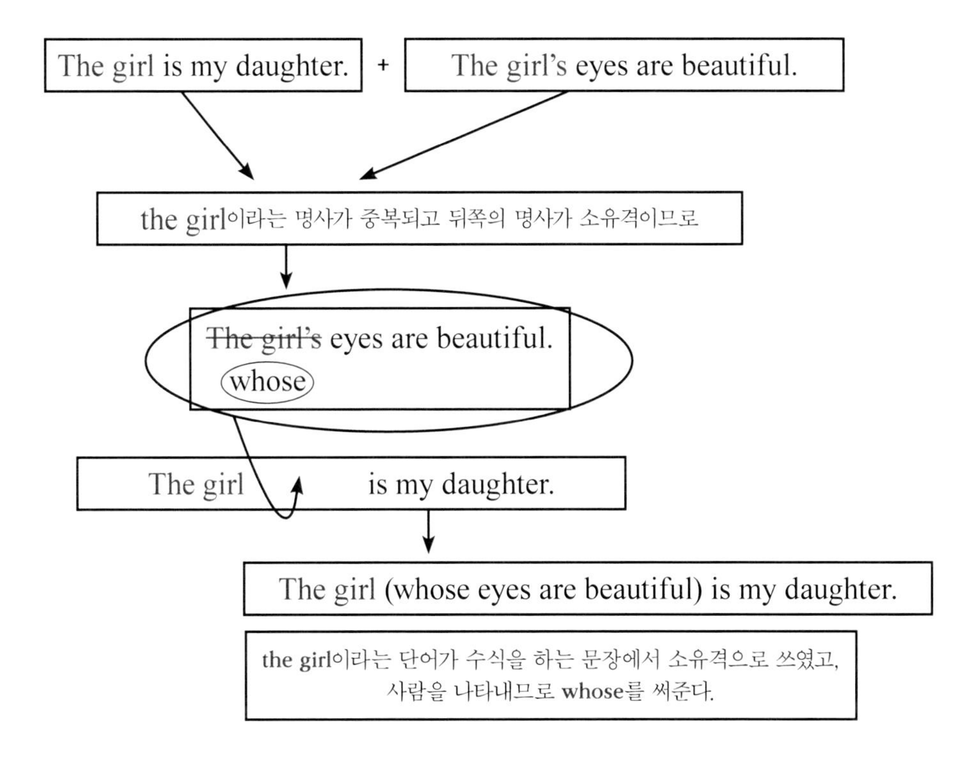

2) 사물을 지칭하는 (대)명사를 수식할 때

앞서 사람을 지칭하는 관계대명사를 설명할 때 보았던 수식방법과 동일하므로 그림은 생략하고 설명하겠다.

⑴ 뒷문장에서 주어로 쓰인 사물을 수식할 때(주격관계대명사 which)

[**The book** is on the desk.] + [**The book** is very interesting.]
which

The book (which is very interesting) is on the desk.

(2) 뒷문장에서 목적어로 쓰인 사물을 수식할 때

[**This computer** works well.] + [I bought **the computer** last year.]
which

This computer (which I bought last year) works well.

(3) 뒷문장에서 소유격으로 쓰인 사물을 수식할 때

[**The dog** is very cute.] + [**The dog's** ears are big.]
whose/of which

The dog (whose ears are big) is very cute.
= The dog (of which ears are big) is very cute.
= The dog (ears of which are big) is very cute.

2. 관계대명사의 두 가지 용법

He has a friend who is very kind.
그는 (아주 친절한) 친구가 있다.
→ 그 친구의 다양한 특성 중에 콕 집어서 친절한 것만 언급, 다른 특성은 배제.

He has a friend, **who** is very kind.
= He has a friend **and he** is very kind.
그는 친구가 있는데, 아주 친절하다

→ 한 친구가 있으며 친절하기도 하다. 다른 특성도 있을 수 있다.

He has much money which he can't spend.
그는 (쓸 수 없는) 많은 돈을 가지고 있다.

He has much money, **which** he can't spend.
= He has much money **but** he can't spend **it**.
그는 돈이 많은데, 쓸 수 없다.

They have many cars (all of which we can't buy now)
그들은 (우리가 지금 하나도 살 수 없는) 많은 차들을 가지고 있다.

They have many cars, all of **which** we can't buy now.
= They have many cars **but** we can't buy all of **them** now.
그들은 많은 차들을 가지고 있지만, 우리는 그것들 모두를 살 수 없다.

위 문장들에서 볼 수 있듯이 콤마(,)를 써 주면 앞의 접속사를 생략한 표현이 되며, 뒤에 오는 대명사를 관계대명사로 써주어야 한다.

위에서 보는 바와 같이 관계대명사 앞에 콤마(,)의 유무에 따라서 해석이 약간 달라진다. 쉼표 없이 앞의 명사를 수식하는 것을 **'한정적 용법'**, 쉼표 뒤에서 관계대명사로 수식하는 것을 **'계속적 용법'**이라고 부른다. 한정적이라는 말은 선행사의 특징을 제한하고 다른 가능성을 열어두지 않는다는 의미에서 **'제한적 용법'**이라고 부르기도 한다.
또한 계속적이라는 말은 선행사를 하나의 특징으로 제한하지 않고, 추가로 서술하기 때문에 **'비제한적 용법'**이라고 부르기도 한다. 쉽게 말하자면, 계속적 용법은 앞의 문장을 먼저 해석한 뒤에 추가적으로 붙여주는 정보라고 생각하면 된다.

3. 전치사+관계대명사

수식을 받는 선행사가 수식을 하는 문장에서 전치사구와 함께 쓰였을 때, 그 전치사를 관계대명사 앞에 위치시키는 표현이다. 뒤에서 관계부사에서 설명하겠지만, 전치사가 그 의미를 더 명확하게 하기 때문에 관계부사보다도 더 확실하고 정확한 표현을 만들 수 있다.

We have a house by which he took a picture.

(We have **a house**. He took a picture **by the house**.)

→ by the house에서 the house를 which로 바꾸고 선행사를 수식한다.

They built a building for which this town is famous.

(They built **a building**. This town is famous **for the building**.)

→ for the building에서 building를 which로 바꾸고 선행사를 수식한다.

The man made the stage on which she performs.

(The man made **the stage**. She performs **on the stage**.)

→ on the stage에서 stage를 which로 바꾸고 선행사를 수식한다.

They are the children with whom we should live happily.

(They are **the children**. We should live happily **with the children**.)

→ with the children에서 the children을 whom으로 바꾸고 선행사를 수식한다.

우리말에서는 관계명사나 관계부사에 해당하는 표현을 구별해서 쓰지 않지만, 영어에서는 확실하게 구분해야 하는데, 그렇기 때문에 우리말로 해석할 때는 이 표현도 그냥 뒤에서 관계대명사를 해석하듯이 해주면 된다.

I have a car which he gave to me.

나는 차를 가지고 있다 (그가 나에게 주었던)

I have a car **in which** I usually listen to music.
나는 차를 가지고 있다 (**그 안에서** 내가 보통 음악을 듣는)

위 두 문장을 직역한 것이 각 문장 아래에 있는 것인데 우리말로 해석하면 수식하는 문장에서 목적어로 쓰였는지 전치사구로 쓰였는지는 구별하지 않아도 된다.

즉, 우리말로 이해할 때는 '나는 그가 나에게 주었던 차를 가지고 있다'와 '나는 내가 보통 음악을 듣는 차를 가지고 있다'로 해석하면 되는 것이다.

'전치사+관계대명사+to부정사' 표현을 사용하기도 한다.

She has a friend with whom to go on a picnic.
그녀는 함께 소풍 갈 친구가 있다.

They made a stage on which to sing.
그들은 그 위에서 노래할 무대를 만들었다.

4. 관계대명사 That

앞서 표에서 보았듯이 관계대명사 That은 사람과 사물 선행사에 대해 사용되는 주격과 목적격 관계대명사로 사용할 수 있다.

The man (who/that has a big problem) went to the hospital.
남자는 (문제를 가진) 병원에 갔다.

The car (which/that you bought for me) was very expensive.
그 차는 (네가 나를 위해 사준) 매우 비쌌다.

1) 관계대명사 That을 사용할 수 없는 경우

① '전치사+that'은 쓸 수 없다.

The window (which/that the thief broke into through) was very big.
= The window (through which the thief broke into) was very big.
through that(×)

② 계속적 용법에서 관계대명사 that은 쓸 수 없다.

I like the book, which you gave me.

I like the book, that you gave me. (×)

2) 관계대명사 That을 사용해야 하는 경우

(1) 선행사가 **사람+사물**(동물)일 때

I know **the boy and his dog** (**that** run around the park everyday).
나는 안다 소년과 그의 개를 (매일 공원 주위를 달리는)

(2) 선행사에 **the+최상급**이 쓰일 때

He is **the best** (**that** can deal with it).
그는 최고이다 (그것을 다룰 수 있는)

(3) 선행사에 the only, every, no, any, -thing 등이 쓰일 때

She is **the only** person (**that** can make him happy).
그녀는 유일한 사람이다 (그를 행복하게 만들 수 있는)

(4) 선행사에 **the+서수**가 쓰일 때

This would be **the first** thing (**that** can help save the earth).
이것은 첫 번째 것(지구를 구하는 데 도움을 줄 수 있는)이 될 것이다.

(5) 선행사에 the very 혹은 the same이 쓰일 때

The is **the very** tool (**that** we need now).
이것은 바로 그 도구이다(우리가 지금 필요한)

(6) 선행사에 all이 쓰일 때

We did **all** (**that** we could do).
우리는 다했다 모든 것을(우리가 할 수 있는)

5. 관계대명사 What

What(= the thing which) you have to do / is this.
네가 해야 하는 것은 / 이것이다.
→ 목적격 관계대명사로 쓰인 what

What(= the thing which) happened to me yesterday / was strange.
나에게 어제 일어난 것은 / 이상했다.
→ 주격 관계대명사로 쓰인 what

위의 문장들에서 보는 것처럼 what은 **선행사 없이 '~하는 것'**이라는 의미로 쓰인다.

6. 관계대명사의 생략

언어는 항상 간략한 형태를 지향한다. 따라서 생략이 될 수 있는 부분이면, 흔히 생략을 하여 사용을 하게 된다.

1) '주격관계대명사+be동사'의 생략

The man (**who is** standing in front of the door) / is my father.
(문 앞에 서 있는) 남자는 / 우리 아버지이다

I need the book (**which was** written by him).
나는 (그에 의해 쓰여진) 책이 필요하다.

주격관계대명사와 be동사를 함께 생략해야 하는 것에 주의한다.
이렇게 생략을 하면, 앞서 배운 분사와 형용사 그리고 전치사의 쓰임 중 명사를 뒤에서 수식하는 것과 같아진다.

2) 목적격 관계대명사의 생략

He saw the man (**whom** you met before).
그는 (네가 전에 만난) 남자를 보았다.

The car(**which** you sold to me last month) is out of order.
(네가 지난 달 나에게 팔았던) 차는 고장 났다.

위에서 보는 것과 같이 목적격 관계대명사를 생략하게 되면 [명사 (주어+동사)]의 모양이 나오게 된다. 이때 동사는 목적어를 필요로 하는 의미의 동사가 남는다. 왜냐하면 목적격으로 쓰인 관계대명사가 생략되었기 때문이다.

The man (you loved) was a bad guy.

명사 주어 동사 → 목적어를 필요로 하는 동사

7. 유사관계대명사 as, but, than

관계대명사는 아니지만 관계대명사의 용법처럼 해석하는 관용적 표현이다.

관용적 표현이기 때문에 **표현 자체를 익히는 데 중점**을 두면 된다.

아래에 **'='로 쓰인 표현들은 해석상 그렇다는 것**이지 **바꾸며 연습하라는 것이 아니다.**

1) as

As many people **as** liked him came to his concert.

그를 좋아하는 많은 사람들이 그의 콘서트에 왔다.

= As many people **as** those who liked him came to his concert.

as ~ as 구문과 관계대명사 구문이 합쳐져서 관용적 표현으로 쓰인 구문이다.

This bus was late again, **as** is often the case.

= This bus was late again, **which** is often the case.

버스는 또 늦었다 종종 그런 상황이듯이

Don't make such mistakes **as** you can't solve.

= Don't make such mistakes **which** you can't solve.

네가 해결할 수 없는 그런 실수들을 만들지 마라

2) but

There is no one **but likes(= who doesn't like)** the child.

그 아이를 좋아하지 않는 사람은 아무도 없다

→ 이중부정은 강한 긍정

3) than

Don't spend more money **than** you earn.

= Don't spend more money **than** what[the thing which] you earn.

네가 버는 돈보다 더 많이 쓰지 마라

She usually speaks **than** is necessary.

그녀는 보통 필요 이상으로 말한다

필자가 계속 강조하고 싶은 부분은 나를 포함한 강사와 교사들 그리고 영어를 전공하는 교수들이 **'문법'**이라는 이름으로 세상에 내어 놓은 것은 **수많은 용법들 중에서 규칙성을 발견하고 정리하는 데 지나지 않는다**는 것이다. 가장 좋은 학습법은 믿을 수 있는 기관에서 — 예컨대, 신문이나 학술지 — 발행한 지문들을 읽고 익히는 일이다.

8. 복합관계대명사

관계대명사로 쓰이는 who, whom, what, which의 뒤에 ever를 첨가함으로써 두 가지의 의미를 나타낼 수 있다.

1) 명사절(문장에서 주어, 목적어, 보어)의 역할

Whatever you want to have / will be yours.
= **Anything which** you want to have / will be yours.
네가 갖고 싶은 모든 것은 / 너의 것이 될 것이다

Whomever you meet / is your destiny.
= **Anyone whom** you meet / is your destiny.
네가 만나는 모든 이는 / 너의 운명이다

Whoever loves her / should stand her temper.
= **Anyone who** loves her / should her temper.
그녀를 사랑하는 누구라도 / 그녀의 성격을 견뎌야만 한다

You / can have **whichever** you want.
= You / can have **anything which** you want.
너는 / 가질 수 있다 네가 원하는 어떤 것이든

2) 부사절의 역할

Whatever he wants, don't give him anything.
= **No matter what** he wants, don't give him anything.
그가 무엇을 원하든, 그에게 아무것도 주지 마라

Who(m)ever you love, let me know.

= **No matter whom** you love, let me know.

네가 누구를 사랑하든, 내가 알게 해줘

Whichever you choose, you have to be responsible for it.

= **No matter which** you choose, you have to be responsible for it.

네가 무엇을 선택하든, 너는 그것에 대해 책임을 져야 한다

CHAPTER

23 관계부사(Relative Adverb)

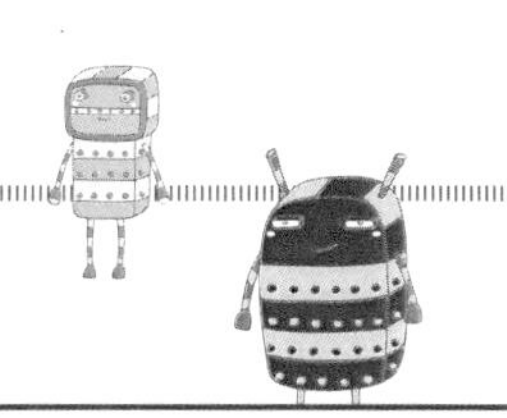

앞서 관계대명사에서 살펴본 바와 같이, 명사를 수식하는 방법 중에 뒷문장에서 부사구로 쓰인 것을 연결하는 방법이다.

① The man visited the place. ② His father lived in the place.

위의 문장들에서 the place라는 명사가 두 문장에 모두 들어가는데, ②번 문장에서는 in the place라는 부사구로 쓰였다.

The man visited the place **which** his father had lived **in**.
= The man visited the place **that** his father had lived **in**.
= The man visited the place **in which** his father had lived.
= The man visited the place **where** his father had lived.

where = in which의 역할을 하고 있다.

1. 관계대명사와 관계부사 비교

[There is a barn.]이라는 문장에서 a barn을

① My father built **the barn**.
② We keep many tools **in the barn**.

이라는 두 문장을 가지고 수식한다면

① There is a barn **which** my father built.

② There is a barn **which** we keep many tools **in**.
There is a barn **that** we keep many tools **in**.
There is a barn **in which** we keep many tools.
There is a barn **where** we keep many tools.

와 같이 표현할 수 있다.

꾸며주는 문장에서 단순명사로 사용되면 관계대명사를, 전치사+명사의 형태로 사용되면 관계부사로 표현할 수도 있는 것이다. 즉, 명사만을 대신하면, 관계대명사를 사용하고 부사구(전치사+명사)를 대신하면 관계부사로 표현할 수 있다.

즉, 다음과 같이 말할 수 있다.

관계부사 = 전치사 + 관계대명사

2. 관계부사의 종류와 활용

일단 부사의 개념을 이해해 둘 필요가 있는데, 부사라는 것은 문장 속에서 방법이나, 장소, 시간, 이유 등의 부가적인 설명을 뜻하는 것이다. 따라서 관계부사라는 것은 관계있는 두 문장 사이에서 뒤 문장의 부사의 역할을 하게 되는 것이다.

쓰임	관계부사	예문
장소(the place 등)	where	I visit Suwon **where** my mother lives.
시간(the time 등)	when	It was yesterday **when** I found his car.
이유	the reason why	I wanted to know **the reason why** he didn't come
방법	the way [how]	That the way he solve this problem.

※ the reason why의 경우에 why를 생략하기도 하고 the reason that으로 쓰기도 한다.
the way how는 둘 중 하나만 써야 한다.

관계부사 역시도 계속적 용법이 가능하다.

I want to go to the stadium **where** the team have won 100 games.
나는 그 팀이 100번 이긴 경기장에 가고 싶다

I want to go to the stadium, **where** the team have won 100 games.
나는 그 경기장에 가고 싶은데, 그곳에서 그 팀이 100번 이겼다

때에 따라서는 선행사를 생략하기도 한다.

It's where I met him.
그곳이 내가 그를 만난 곳이다

That is when you should do your part.
그때가 네가 너의 역할을 할 때이다

3. it ~ that 강조구문

관계대명사와 관계부사로 모두 사용할 수 있는 that을 사용한 표현을 **it ~ that 강조구문**이라고 한다. 기본적으로 관계대명사 혹은 관계부사절에 의한 수식으로 보면 된다.

① She met ② the boy ③ at the mall ④ yesterday.

위 문장의 각각의 번호를 강조하면 다음과 같다.

① It was she **that**[who] met the boy at the mall yesterday.
② It was the boy **that**[who(m)] she met at the mall yesterday.
③ It was at the mall **that**[where] she met the boy yesterday.
④ It was yesterday **that**[when] she met the boy at the mall.

4. 복합관계부사

1) 양보의 부사절

양보라는 말은 '자리를 양보하다'와 같은 한자인데, 내용이 전환된다는 의미이다.

However you act, I don't care about it.
(= No matter how)
네가 어떻게 행동을 하더라도, 난 그것을 신경 쓰지 않겠어

Whenever you go there, you will be welcome.
(= No matter when)
네가 언제 그곳을 가더라도, 너는 환영받을 것이다

Wherever he goes, there was danger.
(= No matter where)
그가 어디를 가더라도, 위험이 있었다

2) 시간과 장소의 부사절

Whenever you went there, he was not there.
(= at any time when)
네가 그곳에 갈 때마다, 그는 거기에 없었다

Wherever you want to go, I'll be with you.
(= at any place where)
네가 가고 싶어 하는 곳은 어디든, 내가 너와 함께할 거야

CHAPTER

24 가정법(Subjunctive Mood)

사람은 항상 생각하고 준비하는 동물이다. 과거를 후회하며, 현재의 상황을 다른 모습으로 상상하기도 하고, 미래의 일을 생각해 보기도 한다. 가령 '내가 지금 돈이 없는데, 돈이 있다면 무엇을 할까?' 하는 고민 같은 것이 그것이다. 이러한 가정법은 사실을 말하고 있는 '직설법'과는 구별되는 기능과 형태를 가지고 있다.

'가정법'에서 나타나는 동사시제의 모양들은 시간의 의미를 표현하는 것이라기보단 그저 의미상의 표현이다.

형태상의 비교

	현재시제	가정법현재	과거시제	가정법과거
일반 동사 <go>	I **go** he/she/it/ 단수명사 **goes** we/you/they/ 복수명사 **go**	I **go** he/she/it/ 단수명사 **go** we/you/they/ 복수명사 **go**	I **went** he/she/it/ 단수명사 **went** we/you/they/ 복수명사 **went**	I **went** he/she/it/ 단수명사 **went** we/you/they/ 복수명사 **went**
be 동사	I **am** he/she/it/ 단수명사 **is** we/you/they/ 복수명사 **are**	I **be** he/she/it/ 단수명사 **be** we/you/they/ 복수명사 **be**	I **was** he/she/it/ 단수명사 **was** we/you/they/ 복수명사 **were**	I **were** he/she/it/ 단수명사 **were** we/you/they/ 복수명사 **were**

1. 가정법 과거

가정법 과거란, 가정을 하는 절의 동사의 모양을 과거형으로 사용하며, 말하는 그 순간을 시점으로 그 시점의 사실과는 반대의 내용을 나타낸다. **if절의 동사가 과거시제**이기 때문에 **가정법 과거**라고 부른다.

If he **had** some money, he could buy a new car.
그가 만약 돈이 있다면, 그는 차를 살 수 있을 텐데 (현재 돈이 없다)

If he **were** a teacher, he could teach it.
그가 만약 선생님이라면, 그것을 가르칠 수 있을 텐데 (현재 선생님이 아니다)

1) 가정법 과거는 다음과 같은 형태를 갖는다.

If+주어+과거동사, 주어+과거조동사(could, would, might)+동사원형

가정법 과거는 If절에 과거형의 동사를 쓰기 때문에 그렇게 부르며, 현재 사실의 반대를 나타낸다.

2) 가정법 과거에서 be동사는 주어와 관계없이 were만을 사용한다.

It is the (high) time he **did** it.
그가 그것을 해야 할 때이다 (아직 하지는 않았다)

위의 경우에도 time 뒤의 절에 과거동사를 사용해 가정을 하고 있다.

2. 가정법 과거완료

가정법 과거완료란, 가정을 하는 절의 동사를 과거완료 형태로 사용하며, 말하는 그 순간을 시점으로 과거의 일의 반대상황을 의미한다. **if절의 동사로 과거완료시제**가 쓰였기 때문에 **가정법 과거완료**라고 부른다.

If I **had had** more money, I could have married her.
내가 돈이 더 있었다면, 그녀와 결혼할 수 있었을 텐데 (돈이 없었다)

If she **had seen** me, we could have made it.

그녀가 나를 보았다면, 우리는 그것을 해낼 수 있었을 텐데 (그녀가 나를 보지 않았다)

가정법 과거 완료는 일반적으로 다음과 같은 형태를 갖는다.

> If+주어+과거완료(had+p.p.), 주어+과거조동사(could, would, might)+have+p.p.

가정법 과거완료는 if절에 과거완료 동사를 쓰기 때문에 그렇게 부르며, 과거의 사실에 대한 반대를 나타낸다.

3. 혼합 가정법

if절은 가정법 과거완료로 쓰고, 주절은 가정법 과거로 쓰는 표현이다. 두 가정법이 혼합되어 있기 때문에 혼합 가정법이라고 부른다.

If he **had not been** there, he **could survive**.

그가 거기에 있었다면, 그는 살 수 있었을 것이다.

4. 가정법 미래와 현재

① If it be(is) fine next Sunday, we can go on a picnic.

다음 주 일요일에 날씨가 좋으면, 우리는 소풍을 갈 수 있다.

② If I **should** die now, who may take my duties?

내가 지금 죽는다면, 누가 내 의무를 대신할까?

③ If he **were to** leave now, no one would feel sad for him.

네가 지금 떠난다면, 아무도 나를 위해 슬퍼하지 않을 것이다.

가정법 미래와 현재는 현재 상황에서 미래의 일을 가정해 보는 것이다. 1번 문장에서는 전에는 if절에 동사원형을 썼지만, 현재의 구어체에서는 현재형 동사를 사용하는 것이 일반적이다.

가정법 미래냐 현재냐를 구분하는 것보다는, 이러한 문형들이 현재 상황에서 미래에 일어날 일들을 가정해보는 데에 그 쓰임이 있다는 것을 알아 두면 되겠다.

5. 그 밖의 가정법 유사 표현들

1) wish를 사용한 표현

(1) 주어 + wish (that) 주어 + 과거동사
~했으면 좋겠다고

I **wish** I **were** a grown-up. 내가 어른이었으면 좋겠다

He **wished** he **were** a teacher. 그는 그가 선생님이면 하고 바랐다

★ wish의 시제와 상관없이 그 순간의 일을 가정하는 것이면, 가정법 과거를 사용한다.

(2) 주어 + wish (that) 주어 과거완료동사

I wish I **had been** a teacher. 내가 선생님이었다면 좋을 텐데
(나는 과거에 선생님이 아니었다)

He wished she **had helped** him. 그는 그녀가 그를 도왔다면 좋았다고 바랐다
(그녀가 과거에 그를 돕지 않았다)

2) as if를 사용한 표현

(1) as if 주어 + 과거동사
마치 ~한 듯

He acts as if he **were** a boss.
그는 행동한다. 마치 그가 사장인 듯

She saw me as if she **knew** everything.
그녀는 나를 보았다. 마치 그녀가 모든 것을 아는 듯이

(2) as if 주어 + 과거완료동사
마치 ~했던 듯

Tommy smiled as if he **had got** the answer.
Tommy는 미소지었다. 마치 그가 답을 알고 있었다는 듯

They forgave me as if they **had known** what I would do.
그들을 날 용서했다. 마치 그들이 내가 하려 했던 것을 알고 있었다는 듯이

3) without~, but for~

~이 없다면, ~이 아니라면

Without him, we could not have done it.
그가 없었다면, 우리는 그것을 해내지 못했을 것이다.

But for the man, we would not be here.
그가 아니었다면 우리는 여기 있지 않았을 것이다.

CHAPTER

25 접속사(Conjunctions)

접속사는 말 그대로 연결을 하는 연결사의 역할을 하는 존재들이다. 다른 이들의 도움이 없다면 혼자서 할 수 있는 일이 없다.

1. 등위접속사(等位接續詞, Coordinating Conjunctions)

1) 역할

단어나, 구, 절 등을 같은 단위로 나열하는 데 쓰인다.

2) 종류

for, **a**nd, **n**or, **b**ut, **o**r, **y**et, **s**o [fan boys]

Sue **or** I will do it.
Sue**나** 내가 그것을 할 것이다.

He **and** I are good friends.
그**와** 나는 좋은 친구이다.

He ran into the building, **and** saved the child.
그는 빌딩으로 뛰어들어갔**고**, 아이를 구했다.

They lost their job, **so** they couldn't afford it.
그들은 직업을 잃었다, **그래서** 그들은 그것을 할 여유가 없었다.

She wanted be a teacher, **for** her mother also was a teather.

그녀는 선생님이 되고 싶었다. 그녀의 어머니도 선생님이었기 **때문에**

Tommy tried his best, **but[yet]** he couldn't make it.

Tommy는 최선을 다했다, **그러나** 그는 그것을 할 수 없었다

He **nor** I am a student.

그**나** 나는 학생이 **아니다**

so, for, yet 등은 접속사 이외에도 쓰임이 많이 있으므로, 반드시 사전을 보고 그 용례를 익혀두도록 한다.

2. 종속접속사(從屬接續詞, Subordinating Conjunction)

1) 역할

하나의 절을 이끌며, 주절의 내용을 심화시켜 준다. 문장을 더욱 풍성하게 만드는 역할이므로, 아래의 단어들을 외우고 연습하도록 한다.

일반적인 종속접속사의 종류와 그 의미

after ~후에 before ~전에 although ~일지라도 as ~할 때/~할수록/~때문에/~하듯이 as if 마치 ~인 듯 as though 마치 ~인 듯 as long as ~하는 한 because ~ 때문에 even if 만일 ~하더라도 even though 비록 ~일지라도	if 만일 ~라면 if only 만일 ~일 때만 in order that ~할 수 있도록 now that 이제 ~이니까 once 일단 ~하면 rather than ~하기보다는 since ~때문에 so that ~할 수 있도록 in that ~라는 점에서 that ※ 명사절의 기능(다음에 설명) though ~일지라도	till ~할 때까지 unless 만일 ~ 안 한다면 until ~할 때까지 when ~할 때 whenever ~할 때마다 where ~하는 곳에서 whereas ~하지만, ~하는 반면 wherever ~하는 곳마다 while ~하는 동안, ~하지만

[**Although** he tried his best], he couldn't make it.
그는 최선을 다했지만, 그것을 할 수 없었다.

She prepared dinner [**so (that)** her family gathered.]
그녀는 저녁을 준비했다 그녀의 가족이 모일 수 있도록

We should follow the rules [as long as we live in the society].
우리는 규칙을 따라야 한다 [우리가 사회 속에서 살아가는 한]

[**Now that** we move to another city], we can do many exciting things there.
이제 우리가 다른 도시로 이사를 가니까, 우리는 많은 재미있는 것들을 그곳에서 할 수 있다

[**Rather than** we are complaining about it], we should accept it.
우리가 그것에 대해 불평하느니, 우리는 그것을 받아들여야 한다

종속접속사절(Subordinate Clause)은 주절(main clause)을 꾸며주는 역할을 한다고 볼 수 있다. 따라서 종속접속사절만으로는 문장이 되지 않는다는 것을 명심하라. 이 문제는 종종 영어를 모국어로 쓰는 학생들에게서도 발견되는 일이니, 더욱 자신감을 가지고 공부하도록 하자!

3. 주의해야 할 종속 접속사

1) 접속사 that

접속사 that은 주로 '**명사절**'로 쓰인다.

[**That** he wanted to go to college] / was a burden (to his family).
[그가 대학에 가고 싶어 한다는 것]은 / 부담이었다. (그의 가족에게)
→ that이 이끄는 접속사절이 한 덩어리로 '주어'의 역할을 한다.

His parents / knew [**that** he wanted to go to college].

그의 부모님은 / 알고 있었다 [그가 대학에 가고 싶어 한다는 것]을

→ **that이 이끄는 접속사절이 한 덩어리로 '목적어'의 역할을 한다.**

The fact / was [**that** he wanted go to college].

사실은 / [그가 대학에 가고 싶어 한다는 것]이었다.

→ **that이 이끄는 접속사절이 한 덩어리로 '보어'의 역할을 한다.**

(1) 가주어/진주어

가주어 it을 사용하여 서술어를 먼저 이끌어 내고 that절을 이용하여 주어를 뒤로 보낸다.

It is true **that** they can solve the problem.

사실이다 (그들이 그 문제를 해결할 수 있다는 것이)

It is difficult **that** you can win over him.

어렵다 (네가 그를 이길 수 있다는 것은)

(2) **형용사절의 의미로 쓰인 접속사 that절**(혹은 동격이라 부름)은 명칭에 대해 논란이 있을 수 있지만 중요한 것은 정확하게 쓰고 해석하는 일이다.

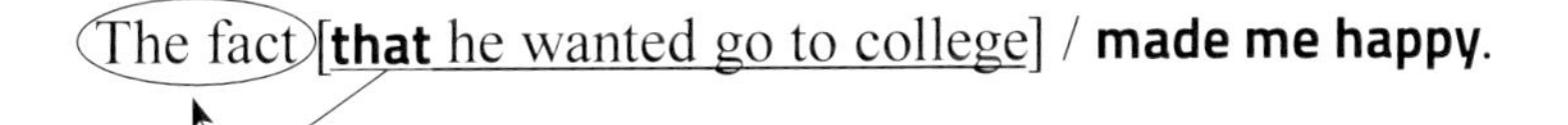

The fact [**that** he wanted go to college] / **made me happy**.

사실(그가 대학에 가고 싶어 한다는)은 / 나를 기쁘게 했다.

His parents / knew the fact [**that** he wanted go to college].

그의 부모님은 / 알고 있었다. 사실을(그가 대학에 가고 싶어 한다는)

(2) 접속사 that을 생략하는 경우(Expletive that, 허사虛辭, that)

만일 that 없이도 문장이 자연스럽게 전개될 수 있다면, 접속사 that은 종종 생략된다.

① 목적어로 쓰인 that은 보통 생략 가능하다. 그 뒤의 문장이 간결하여 쉽게 알아볼 수 있을 때

I / know [(that) he is the best].
나는 / 안다 [그가 최고이다]라고

She / thought (that) she had to do something.
그녀는 / 생각했다 [그녀가 무언가를 해야 한다는 것]을

They / hope (that) she is fine.
그들은 / 바란다 [그녀가 괜찮기]를

② that을 생략하고 그 자리에 콤마(Comma)를 대신 넣는 경우
that 뒤의 문장이 복잡하여 생략할 순 없지만, 콤마로 대신함

The fact / is, [the manager (in the department store) doesn't know the truth].
사실은, [관리자(그 백화점의)가 / 진실을 모른다는 것]이다

Don't forget, [you should be more careful when you try it for the first time].
잊지 말아라, [네가 더욱 조심해야 한다는 것을 네가 그것을 처음으로 시도할 때]

(3) 접속사 that을 생략하지 않는 경우(by Theoodre Bernstein)

① 시간적인 요소가 주절의 동사와 that절 사이에 끼어들었을 경우

She / said last Friday [**that** she wouldn't change her position.]
그녀는 / 말했다 지난주 금요일 [그녀의 입장을 바꾸지 않을 것]이라고

② that절 안에서 — 주어에 대한 수식이나, that 절 내의 부사구의 영향으로 — 동사가 늦게 나올 경우, 의미를 명확하게 하기 위해

The man / announced [**that** the goal (of the team for the community members in the last term) was accomplished.]
그 남자는 발표했다. [목표(그 팀의 사회구성원을 위한 지난 기간의)가 달성되었다]라고

③ 두 번째 나오는 that절이 누가 말했는지, 혹은 무엇을 했는지를 명확히 할 때

She / said [that the team should work more effectively] and [**that** sales need to be raised].
그녀는 / 말했다 [그 팀이 더욱 효율적으로 일해야 한다]라고 그리고 [판매량은 더 늘어날 필요가 있다]라고

2) 접속사 since

since는 접속사로 사용될 때, 크게 세 가지 의미를 지닌다. 의미가 두 가지이므로, 주절과의 관계를 생각해 해석하고, 영작하면 된다.

① ~이래로 / ~부터(주절에 완료시제와 함께 사용)

[**Since** he moved to an unfamiliar city], he / **has had** homesick.
[그가 낯선 도시로 이사 간 이후로], 그는 향수병이 있다.

② ~때문에

[Since we were in danger of health problem], we /should do something.

[우리가 건강문제의 위험에 있기 때문에], 우리는/ 해야 한다 무언가를

3) 접속사 as

as는 그 쓰임이 아주 다양하다. 여기에서는 종속접속사의 기능만을 살펴보겠다. 더 많은 기능을 알고 싶다면 사전을 참고하길 바란다.

① ~할 때(when)

[**As** he walked down the road], he saw the event.

[그가 도로를 걸어 내려올 때], 그는 그 행사를 보았다.

② ~때문에(since)

[**As** I have no money], I can't buy the car.

[나는 돈이 없기 때문에], 그 차를 살 수 없다.

③ ~하듯이, ~하는 것처럼

Do it [**as** I do it].

그것을 해라. [내가 그것을 하듯이]

④ ~할수록(보통 become, get, grow 등의 동사, 혹은 비교급과 함께)

[**As** he climbed the mountain higher], the air become fresher.

[그가 산에 높이 오를수록], 공기가 더 상쾌해졌다.

4) 접속사 while

while은 보통 두 가지 의미로 쓰인다.

① ~하는 동안 (보통 진행형과 함께)

[**While** he was watching TV], the telephone rang.

그가 TV를 보는 동안, 전화가 울렸다.

② ~하는 반면, ~하지만

[**While** I am a teacher], a part of me is a student.

나는 선생이지만, 내 일부는 학생이다.

4. 접속사와 관련된 생략

1) 분사구문

분사구문은 접속사를 사용해야 하는 자리에 분사구를 이용하여 간략화하는 것이다. 분사구문은 다음과 같이 정의할 수 있다.

분사구문: 접속사 생략구문

Knowing that she was not honest, he couldn't believe her any more.
= As he knew that she was not honest, he couldn't believe her any more.

그녀가 정직하지 않다는 것을 알았기 때문에, 그는 더 이상 그녀를 믿을 수 없었다

⑴ 분사구문 만들기

대부분의 경우에 있어, 분사구문은 인과 관계를 나타내거나, 부대상황 — 동시에 일어나는 상황 — 을 나타내거나, 혹은 연속된 상황을 나타낼 때 사용한다. 우리가 사용하는 말이라는 것이 축약하고 사용할 수 있는 것들은 축약해 쓴다는 것을 항상 명

심하라. 이 형태는 주로 동시에 일어나는 상황이나, 인과관계 등을 나타낼 때 사용한다. 또한 접속사절을 축약하는 것이므로, 주절은 변화하지 않는다.

① 종속절의 주어와 주절의 주어가 일치할 때

[When I saw him, I ran a way(내가 그를 봤을 때, 난 도망쳤다).]에서

When I saw him, I ran away. = Seeing him, I ran away.

ⓐ ⓑ ⓒ seeing (saw의 기본형이 see이므로)

ⓐ 접속사 생략

ⓑ 일치하는 주어 생략

ⓒ 동사의 기본형+ing

② 종속절의 주어가 주절의 주어와 다를 때

If It is fine tomorrow, I'll visit him(내일 날씨가 좋으면, 그를 방문하겠다).] 에서

If It is fine tomorrow, I'll visit him. = It being fine, I'll visit him.

ⓐ ⓑ ⓒ being(is의 기본형이 be이므로)

ⓐ 접속사 생략

ⓑ 일치하지 않는 주어 남겨두기

ⓒ 동사의 기본형+ing

필자가 그동안 미국의 사이트를 살펴보았을 때, 현지 학생들도 주어가 일치하지 않을 때 사용법에 대해 헷갈려 하는 것을 보았다. 이 부분을 꼭 기억해서 영작을 할 때, 모호한 표현을 만들지 않도록 신경을 써야 한다.

2) 종속절에 수동의 형태가 쓰였을 때

[As he was worried about that, he couldn't sleep(그가 그것을 걱정했기 때문에, 그는 잘 수 없었다).]에서

As he was worried about that, he couldn't sleep.

ⓐ ⓑ ⓒ being (was의 기본형이 be이므로)

= (Being) worried about that, he couldn't sleep.

= Worried about that, he couldn't sleep. → 이때 being은 대부분 생략된다.

ⓐ 접속사 생략

ⓑ 일치하는 주어 생략

ⓒ 동사의 기본형+ing

3) 접속사절에서 주어+be동사의 생략

While you are studying, don't turn on the TV.

= While studying, don't turn on the TV.

공부하는 동안에, TV를 켜지 마라

When it is properly kept, it'll stay fresh.

= When properly kept, it'll stay fresh.

적절하게 보관된다면, 그것은 신선하게 유지될 것이다

앞서 분사구문에서도 언급했듯이, 언어는 가장 간편한 형태를 지향한다. 즉, 줄여서 쓸 수 있는 표현들은 줄여서 쓴다.

5. 상관접속사(相關接續辭, Correlative Conjunctions)

상관 접속사는 반드시 두 개의 동일한 문법적인 구조가 대구를 이루며 작용한다.

both A and B A와 B 둘 다 not only A but also B A일 뿐 아니라 B이기도 하다 not A but B A가 아니라 B이다 either A or B A혹은 B(둘 중 하나)	neither A nor B A, B 둘 다 아닌 whether A or B(not): A이거나 B이거나(아니거나) A as ~ as B A는 B만큼 ~한(하게)

She made the plan both for the students and for the teachers.
그녀는 그 계획을 만들었다. 학생들과 선생들 둘 다를 위해

They not only did their best but also tried to minimize the damage.
그들은 최선을 다했을 뿐 아니라 피해를 최소화하고자 노력했다

The reason why he can't come here is not because he is busy but because he doesn't want to come.
그가 이곳에 오지 못하는 이유는 그가 바쁘기 때문이 아니라 그가 오고 싶지 않기 때문이다

Either you or she must be here on time.
너나 그녀 중 한 명은 정시에 이곳에 있어야 한다

Neither the men of the village nor those of another could find any clue.
그 마을의 사람들이나, 다른 마을의 사람들도 어떠한 단서도 찾을 수 없었다

Whether he wants to help her or he wants to help others, he should do it now.
그가 그녀를 돕고 싶든, 다른 이들을 돕고 싶든, 그는 그것을 지금 해야 한다

She had <u>as</u> much talent <u>as</u> her mother did.

그녀는 그녀의 어머니가 가진 것만큼 많은 재능을 지녔었다

영작을 하고 표현을 할 수 있어야 진정 영어로 '말한다'라고 할 수 있다. 반드시 워크북을 통해 다양한 영작을 하고, 자신의 것으로 익혀야 한다.

6. 접속부사(接續副詞, Conjunctive Adverb)

접속부사는 앞의 문장과 뒤 문장의 관계를 규정지어주며, 단독으로 쓰인다. 이 부분은 그냥 어휘로 외워서 쓴다고 생각하면 된다.

(결과적으로)
as a result, consequently
(따라서, 그래서)
hence, therefore, thus, so
(즉)
that is, in short, namely
(마찬가지로)
similarly, likewise
(게다가)
besides, furthermore, in addition, moreover,
(마침내, 결국)
eventually, finally, at last
(그 후에, 나중에)
subsequently, later
(사실)
indeed, in fact, in effect
(예를 들어)
for example, for instance
(여전히)
still
(그런 후)
then
(동시에)
at the same time
(분명히)
certainly
(더 나아가)
further
(아마도)
perhaps
(또한)
also

(그러나)
however
(한편, 반면에)
in the meantime, meanwhile
on the other hand
(대조적으로, 반대로)
on the contrary
(어쨌든, 어떻게 해서든)
anyhow, anyway, in any case
(그런데)
incidentally('우연히'라는 뜻도 있음)
by the way
(대신에)
instead
(그럼에도 불구하고)
nevertheless
(그렇지 않으면)
otherwise

CHAPTER

26 간접의문문(Indirect Questions)

간접의문문은 문장 속에서 명사절의 기능을 한다.

> 의문사(if/whether)+주어+동사 ⇒ 명사절의 기능(주어, 목적어, 보어)

해석은 '~인지(가)'로 해 준다.

1. 의문사가 있는 간접의문문

Where you lived is not important. ⇒ 주어로 쓰인 간접의문문
네가 어디서 살았는지는 중요하지 않다.

The matter is **where you lived.** ⇒ 보어로 쓰인 간접의문문
문제는 **네가 어디서 살았는지**이다.

I want to know **where you lived.** ⇒ 목적어로 쓰인 간접의문문
나는 **네가 어디서 살았는지** 알고 싶다.

2. 의문사가 없는 간접의문문

Whether you could go or not / is not the issue. (○)
If you could go or not / is not the issue. (×)

간접의문문에서 if와 whether은 같은 의미를 지니지만, if로 시작하는 간접의문문

은 주어 자리에 사용할 수 없다.

간접의문문은 **명사절**이기 때문에 **전치사 뒤에서 사용**될 수 있다.

This instruction is **about** (how you can use this) and (when it is the best time to use it).
이 지시문은 (어떻게 네가 이것을 사용할 수 있는지) 그리고 (언제가 그것을 사용하기에 최고의 때인지)에 관한 것이다.

She thought **of** (how she could handle it).
그녀는 생각했다 (어떻게 그녀가 그것을 다룰 수 있는지)**에 대해**

3. 직접화법과 간접화법

1) 평서문

She said, "I have a question".

위 문장은 직접화법(괄호 안의 문장)이다. 이 문장에서 따옴표 안의 문장을 밖으로 빼내는 표현을 간접화법으로 보면 된다.

위 문장에서 괄호를 없애고 간접화법으로 쓰면 다음과 같다.

She said (that) she had a question.

위 문장에서 괄호 안의 화자가 she이며 said의 시제가 과거이므로 I는 she로 have는 had로 바꾸어 준다.

She said to me, “I will always love you”.

위 문장에서 그녀가 나에게 말한 것이기 때문에 you는 me로, said라는 과거시제에서 미래표현이므로 will은 would로 바꾸어준다.

She said to(told) me that she would always love me.

똑같이 ‘말하다’라는 뜻을 가졌어도 say는 3형식으로 쓰기 때문에 전치사를 사용하여 said to me로 쓰고 tell은 4형식으로 사용했기 때문에 전치사 없이 told me로 쓴다.

직접화법을 간접화법으로 전환할 때에는 화자와 청자의 확인 시제를 확인해 주면 된다. 그렇지만 이런 것들을 서로 전환하는 연습을 하는 것보다는 각각의 화법을 알고 쓰는 것이 훨씬 효과적이다. 이 내용은 참고만 하도록 한다.

2) 의문문

(1) 의문사가 있을 때

She asked me “What is your name?”

asked가 과거시제이므로 is는 was로, 질문을 받는 대상이 me이므로 your은 my로 바꾼다.

She asked me what my name was.
→ 의문사+주어+동사의 어순이 중요!

(2) 의문사가 없을 때(if와 whether를 사용)

They asked him “Do you have a car?”

asked가 과거이므로 have는 had로, 의문사가 없기 때문에 Do 대신에 if[whether]를 넣어준다. 또한 질문을 받는 대상이 him이므로 you는 he로 바꾸어준다.

They asked him whether[if] he had a car.

3) 명령문

명령문의 경우에는 said라는 동사를 쓰면 to부정사를 목적보어로 사용할 수 없기 때문에 5형식으로 사용할 수 있는 동사로 바꾼 후 명령문의 내용을 to부정사로 만들어 준다.

Tom said to me, "Go out!".
→ Tom told(asked) me to go out.

동사로는 advise, order, ask, tell 등을 사용할 수 있다.
단, 명령문이 부정 명령문일 경우에는 to부정사의 부정인 [not to 동사원형]을 이용한다.

Billy said to the students, "Don't make a noise".
→ Billy ordered the students not to make a noise.

4. 시간의 부사절과 간접의문문

시간의 부사절에서는 미래를 의미하는 표현에서 현재형을 쓴다.

When she **comes** I will leave. 그녀가 오면 나는 떠날 것이다.
Until he **finds** it, we will wait. 그가 그것을 찾을 때까지 우리는 기다릴 것이다.

그렇지만, 간접의문문에서는 미래를 나타내는 표현은 의문사와 함께 미래형을 쓴다.

I don't know when she **will come**. 나는 알지 못한다 언제 그녀가 올지
She wonders when you **will call** her. 그녀는 궁금해한다 네가 언제 그녀에게 전화할지

사실, 이런 비교는 무의미하다. 왜냐하면 시간의 부사절은 말 그대로 **부사절**이고 간접의문문은 **명사절**이기 때문이다. 이러한 것들을 너무 문법적으로 접근하지 말고, 영작을 하고 많이 쓰다 보면 자연스럽게 구별할 수 있을 것이다.

CHAPTER

27 문장의 도치(倒置: 거꾸로 도, 둘 치)

거꾸로 둔다는 의미이다. 원래의 어순인 [주어 동사 목적어(보어) 부사(구, 절)]의 순서에서 **강조하고자 하는 것을 문장의 맨 앞으로 이동**시키는 표현이다.

The book I read for the first time.
= I read the book for the first time. <목적어 도치>
나는 그 책을 처음으로 읽었다

The greatest thing was his sacrifice.
= His sacrifice was the greatest thing. <보어 도치>
그의 희생이 가장 위대한 것이었다

Down came the lion.
= The lion came down. <부사의 도치>
사자가 내려왔다

Out of forest came the monster.
= The monster came out of the forest. <부사구의 도치>
그 괴물은 숲에서 나왔다

1. 도치에서의 동사 이동

Not only **has** she **been** there for 30 years but also she has worked so hard.
= She not only **has been** there for 30 years but also she has worked so hard.
그녀는 그곳에 30년 동안 있었을 뿐 아니라, 일도 아주 열심히 해왔다

have(has) p.p.일 때는 has나 have를 앞으로 빼주고 뒤쪽에는 p.p.를 남겨놓는다.

Never **do** I **dream** of going there.
= I never **dream** of going there.
나는 절대로 그곳에 가는 것을 꿈꾸지 않는다

일반동사 현재형에서 주어가 3인칭 단수가 아닐 경우에는 do를 만들어 앞으로 빼준다.

Never **does** he **dream** of going there.
= He never **dreams** of going there.
그는 절대로 그곳에 가는 것을 꿈꾸지 않는다

일반동사 현재형에서 주어가 3인칭 단수인 경우에는 does를 만들어 앞으로 빼주고 does가 -s를 가지고 갔으므로 뒤에는 동사원형을 위치시킨다.

Never **did** she **dream** of going there.
= She never **dreamed** of going there.
그녀는 절대로 그곳에 가는 것을 꿈꾸지 않았다

과거동사의 경우에는 did를 만들어 앞으로 빼주고 did가 과거의 의미를 가지고 갔으므로 뒤에는 동사원형을 위치시킨다.

Surely **can** she **become** a physician.

= She **can** surely **become** a physician.

그녀는 분명히 의사가 될 수 있다

조동사는 조동사만 앞으로 빼준다.

In the back seat of the car next to the tree **were** two cute babies.

= Two cute babies **were** in the back seat of the car next to the tree.

두 명의 귀여운 아기들이 나무 옆에 있는 차 뒷자리에 있었다.

No longer **is** she restricted to the immediate world.

= She **is** no loner restricted to the immediate world.

그녀는 더 이상 바로 앞의 세상에 국한(제한)되지 않는다

be동사는 be동사만 앞으로 빼준다.